**Hans Sohni**

Geschwisterdynamik

Viele Begriffe, die wir aus der Psychoanalyse kennen, blicken auf eine lange Geschichte zurück und waren zum Teil schon vor Freuds Zeit ein Thema. Einige Begriffe haben längst den Weg aus der Fachwelt hinaus in die Umgangssprache gefunden. Alle diese Begriffe stellen heute nicht nur für die Psychoanalyse, sondern auch für andere Therapieschulen zentrale Bezugspunkte dar.

Die Reihe »Analyse der Psyche und Psychotherapie« greift grundlegende Konzepte und Begrifflichkeiten der Psychoanalyse auf und thematisiert deren jeweilige Bedeutung für und ihre Verwendung in der Therapie. Jeder Band vermittelt in knapper und kompetenter Form das Basiswissen zu einem zentralen Gegenstand, indem seine historische Entwicklung nachgezeichnet und er auf dem neuesten Stand der wissenschaftlichen Diskussion erläutert wird.

Alle Autoren sind ausgewiesene Fachleute auf ihrem Gebiet und können aus ihren langjährigen Erfahrungen in Klinik, Forschung und Lehre schöpfen. Die Reihe richtet sich in erster Linie an Psychotherapeuten aller Schulen, aber auch an Studierende in Universität und Therapieausbildung.

Unter anderem sind folgende Themenschwerpunkte in Planung:
Psychose | Infantile Sexualität | Angst | Bindung | Scham
Geburt | Soziale Ängste | Suizidalität | Borderline-Störungen
Depression | Triangulierung | Essstörungen |
Übertragung/Gegenübertragung| Adoleszenz | Fetischismus

**Band 4** **Analyse der Psyche und Psychotherapie**

Hans Sohni

# *Geschwisterdynamik*

Psychosozial-Verlag

Bibliografische Information der Deutschen Nationalbibliothek.
Die Deutsche Nationalbibliothek verzeichnet diese Publikation in der Deutschen Nationalbibliografie; detaillierte bibliografische Daten sind im Internet über http://dnb.d-nb.de abrufbar.

4. Auflage 2025

Gesetzlich vertreten durch die persönlich haftende Gesellschaft Wirth GmbH,
Geschäftsführer: Johann Wirth
Walltorstraße 10, 35390 Gießen, Deutschland
06 41 96 99 78 0
info@psychosozial-verlag.de
www.psychosozial-verlag.de



Umschlaggestaltung & Layout: Hanspeter Ludwig, Wetzlar
www.imaginary-art.net
Satz: Andrea Deines, Berlin
Druck und Bindung: Druckhaus Bechstein GmbH,
Willy-Bechstein-Straße 4, 35576 Wetzlar, Deutschland
Printed in Germany

ISBN 978-3-8379-2117-5 (Print)
ISBN 978-3-8379-6513-1 (Ebook-PDF)
ISSN 2943-6222 (Print)
ISSN 2943-6230 (Digital)

# Inhalt

# Einleitung

»Einen Bruder zu haben, eine Schwester, einfach zu wissen, dass sie *da sind*, darauf kommt es an!« Aussagen tiefer geschwisterlicher Verbundenheit wie diese sind uns allen vertraut. Aber Geschwister werden auch als bedrohlich und feindselig erlebt oder als Rivalen. Alles in allem zeigt sich ein zwiespältiges Bild. Kulturell sind Geschwister allgegenwärtig – in Mythologie und Märchen, in Biografien, Romanen und Filmen. Dabei ist es auch der Erfahrung von Psychotherapeutinnen und Psychotherapeuten nicht entgangen, dass Geschwister oft in ihrer Bedeutung an erster Stelle *vor* den Eltern rangieren.

Drei Beispiele dazu: Erwachsene adoptierte Personen suchen häufiger nach ihren Geschwistern als nach ihren leiblichen Eltern. – In seiner Zeit als Chirurg in der jugoslawischen Befreiungsarmee beeindruckte den späteren Psychoanalytiker Paul Parin (1996) die Erfahrung, dass schwer kranke Patienten, die erstmals die Möglichkeit hatten, Verwandte zu empfangen, nicht *einmal* nach Vater oder Mutter verlangten, sondern immer dringend ein Geschwister sehen wollten. – 1939 wurden in England knapp 50 Prozent der Schulkinder, etwa 750.000, mit ihren Lehrern aus den Städten aufs Land verschickt. John Bowlby, der Begründer der Bindungstheorie, bezog sich später auf die Deprivation dieser Kinder und betonte die zentrale Bedeutung ihrer Mütter. Was er wegließ, war der von den Lehrern erhobene Befund, dass die Kinder nicht ihre Mütter, sondern vor allen anderen ihre Geschwister vermissten (Mitchell 2003).

John Bowlby bildet mit dieser Haltung keine Ausnahme. In erstaunlichem Kontrast zur täglichen Lebenserfahrung und zur kulturellen Gewichtung wurden Geschwisterbeziehungen bis in die 1980er Jahre beinahe vollständig aus dem psychoanalytischen Diskurs ausgeblendet oder sogar auf ein negatives Potenzial reduziert. In Fallberichten erscheinen sie nur als Derivat der Eltern-Kind-Beziehung und Geschwisterübertragungen scheint es nicht zu geben. Seither lockert sich diese regelrechte Tabuisierung der Geschwisterbeziehung in der Psychoanalyse. In den letzten zehn Jahren finden Geschwister im gesamten psychosozialen Umfeld deutlich zunehmende Gewichtung. Nach meinem Eindruck geht der Impuls für diese veränderte Sicht allerdings weniger von der Psychoanalyse als von entwicklungspsychologischen Theorien und Studien aus.

# Konzeptualisierung der Geschwisterbeziehungen

## Die frühe Psychoanalyse

Die Psychoanalyse als Theorie und als Bewegung entstand Anfang des 20. Jahrhunderts in Wien und damit in einer »bürgerlichen Gesellschaft«. Das bedeutete ein hierarchisches, patriarchalisches Denken und eine seit dem 17. Jahrhundert überkommene vertikale Sicht auf Kinder aus der Erwachsenenperspektive. Kinder waren »kleine Erwachsene«, und zwar abhängig von Erwachsenen. Von einem allgemeinen Bewusstsein für ein eigenständiges Geschehen zwischen Geschwistern können wir da kaum ausgehen.

Im Paris derselben Epoche befreite sich Simone de Beauvoir aus der Enge eines vergleichbaren bürgerlich-patriarchalischen Milieus. Ihre Biografie illustriert, welche nicht selten verzweifelte Kraftanstrengung es kostete, sich von diesen Bastionen zu emanzipieren, und wie glücklich die junge Frau war, als sie in der Orientierung an Gleichgesinnten ihrer Generation eine existenzielle Unterstützung erfuhr. Übrigens schätzte sie auch den Rückhalt in der vertrauten Beziehung zu ihrer jüngeren Schwester, sie war sich dieser reichen geschwisterlichen Welt immer bewusst – die von ihren Eltern gar nicht wahrgenommen wurde. Diese Eltern hielten zäh an den patriarchalischen Resten ihrer Welt fest – eine Haltung, die Freud (1900) missbilligte, denn nach seiner Ansicht fördert sie bei den Kindern feindschaftliche Gefühle gegenüber ihren Eltern.

Über die Kindheit von Sigmund Freuds sechs eigenen Kindern ist wenig bekannt. Es heißt, Freud habe für den Alltag nicht zur

Verfügung gestanden und – wie andere Väter – nicht einmal mit den Kindern gespielt. Und die Mutter soll, mit Billigung des Vaters, die Kinder »sehr psychoanalysefremd« (Freud/Andreas-Salomé 1980, S. 271) erzogen haben. Das macht zwar neugierig, aber wie es in dieser Kinderstube wirklich zuging, werden wir nie erfahren. Dafür erschließt sich in den soeben erstmals veröffentlichten Briefen Freuds an seine *erwachsenen* Kinder (Schröter 2010) seine Haltung als Vater. Die Briefe beginnen ca. 1910, die Kinder sind zu Beginn der Korrespondenz jeweils etwa 20 Jahre alt, Freud über 50.

Das Bild, das aus dem Briefwechsel entsteht, zeigt Freuds liebevolles Interesse an seinen Töchtern und Söhnen, für die Schwiegertöchter und Schwiegersöhne (mit viel gegenseitiger herzlicher Zuneigung) und für die Enkel. Freud unterstützte seine Kinder großzügig materiell und mit Zuspruch in Krisen – so kommt er frühmorgens zu einem Wiener Vorstadtbahnhof, um seinen Sohn als Soldat bei der Durchreise zu sehen, oder er nimmt im Krieg die beschwerliche Reise in die Karpaten auf sich, um über Leitern in den Tunnelbau eines anderen Sohnes zu steigen und diesen wie nebenbei zur Scheidung zu ermutigen. Fürsorglich pflegt er einen intensiven Austausch, informiert auch die Geschwister untereinander und ist bestrebt, alle in einer Familiensolidarität zu verankern (die – nicht veröffentlichte – Korrespondenz der Mutter mit den Kindern war vielleicht noch umfangreicher, ist aber vorläufig nicht zugänglich).

Ist Freud anderer Meinung als ein Sohn oder eine Tochter, dann äußert er offen seine Haltung, respektiert aber ausnahmslos andere Entscheidungen, ohne hineinzureden: »Wenn Du mit Dir zufrieden bist, kann ich es auch sein« (an Mathilde zu ihrer Partnerwahl, 1908). Die Briefe zeigen einen besonnenen Vater, der seine Gefühle analysiert: So erkennt er seine Sorge um die an der Front kämpfenden Söhne als mitbedingt durch Neid auf ihre Jugend. Er induziert keine Spannungen zwischen seinen Kindern und bietet ihnen »protektive Bedingungen« für eigenständige Entwicklungen. »Es war doch ein wertvolles Erlebnis für mich zu erfahren«, schreibt er als 72-Jähriger, »wieviel man von seinen eigenen Kindern haben kann« (Schröter 2010, S. 377).

Für die Geschwisterbeziehungen von Mathilde, Martin, Oliver, Ernst, Sophie und Anna Freud *untereinander* ergibt sich aus dieser Korrespondenz kein deutliches Bild. Die Eltern regen die gegenseitige Kommunikation intensiv an, und die Geschwister stehen besonders zur Zeit des Ersten Weltkriegs – im Alter zwischen 25 und 30 Jahren – in engem Austausch, besuchen sich häufig, nehmen intensiv aneinander teil. Berichte wie dieser der 17-jährigen Sophie von 1910 zeigen ein heiteres Miteinander: »Martin dichtet Abschiedsgedichte, Oli [Oliver] stellt mit Begeisterung Fahrpläne zusammen […]. Martin ist sehr liebenswürdig und die beiden andern Buben [Oliver und Ernst] auch sehr nett. Wir wollten sehr gerne, daß Mama telegraphiert, ›Kinder ausnahmslos reizend‹, aber Mama wollte doch nicht« (Schröter 2010, S. 465).

## Freuds Geschwistererfahrungen

Sigmund Freuds Erfahrungen mit den eigenen Geschwistern gleichen dagegen einer Katastrophe. Seine Mutter Amalie heiratete knapp 20-jährig einen 40-jährigen Witwer (in dessen dritter Ehe), wahrscheinlich führte die Schwangerschaft mit Sigmund (dem ersten von acht Kindern) zur Heirat. Für die Mutter war das ein Schock: Sie musste weg aus Wien, weg von ihrer Familie, besonders von ihrem Lieblingsbruder Julius, in eine Provinzstadt, in eine Einzimmerwohnung, umgeben von zwei mit ihr gleichaltrigen Brüdern ihres Mannes. So war sie unglücklich schon vor und dann nach Sigmunds Geburt, besonders wegen der schweren Erkrankung ihres Bruders Julius.

Sie wurde gleich wieder schwanger. Vieles spricht dafür, dass sie für Sigmund eine emotional abwesende, »tote« Mutter war. Sigmund war wahrscheinlich 15 Monate alt, als sein Bruder Julius zur Welt kam, für die Mutter ein Ersatz(kind) für ihren Bruder Julius. Dieser Bruder starb 1858, einen Monat vor dem Tod von Sigmunds Bruder Julius, Sigmund war damals 23 Monate alt. Die Mutter war in dieser Zeit nicht fähig, sich Sigmund liebevoll zuzuwenden. Möglich ist, dass Sigmund jetzt für die Mutter in die Rolle eines Ersatzkinds für den doppelten Verlust des Bruders Julius und des Sohns Julius geriet (Maciejewski 2006). Das Ganze stellt für Sigmund eine komplexe traumatische Erfahrung in seiner Beziehung zur Mutter wie zum früh verstorbenen Bruder dar.

Später äußerte Freud, dass er bei Julius' Geburt »böse Wünsche und echte Kindereifersucht« empfand und dass der Tod des Brüderchens Selbstvorwürfe in ihm wachrief (weil er ihm bei der Ankunft den Tod gewünscht habe). Freuds Biografen sind sich einig darin, er habe lebenslang unter dieser »Überlebensschuld, im Besitz des Feldes geblieben zu sein« (Freud 1986, S. 288f.) gelitten, dem »Trauma Julius«.

Sigmund wuchs mit dem ein Jahr älteren Neffen Johann und der ein Jahr jüngeren Nichte Pauline wie mit Geschwistern auf. »Dieser Neffe und dieser jüngere Bruder bestimmen nun das Neurotische, aber auch das Intensive an allen meinen Freundschaften« (1897 an Fließ; Freud 1986, S. 289). Drei Jahre später hat Freud den Bruder »verschwinden« lassen, jetzt ist nur noch vom Neffen Johann die Rede: »Alle meine Freunde sind in gewissem Sinne Inkarnationen dieser ersten Gestalt« (Freud 1900). Die Tilgung des jüngeren Bruders ist eine schwerwiegende Auslassung, immerhin handelt es sich um eine mitstrukturierende Rolle für Freuds spätere Freundschaften.

Es bleibt nicht bei dieser einen Auslassung. Freud hat den Bruder beziehungsweise das Trauma seiner Überlebens»schuld« immer wieder ausgespart und in seinem gesamten Werk nie direkt thematisiert, teils in unbewusster Selbsttäuschung, teils in absichtlicher Verschleierung. Dass Freud der Liebling seiner Mutter gewesen sei, ist die Legende vom »goldenen Sigi«, von ihm selbst inszeniert (und vielleicht im Zusammenspiel beidseitiger Abwehr auch von der Mutter): »Wenn man der unbestrittene Liebling der Mutter gewesen ist, so behält man fürs Leben jenes Eroberergefühl, jene Zuversicht des Erfolges, welche nicht selten wirklich den Erfolg nach sich zieht« (Freud 1917, S. 266). Diese Äußerung lässt sich vor allem autosuggestiv lesen, als Abwehr seiner ambivalenten Beziehung zur Mutter und als »Verdrängung« seines Bruders.

Für seine fünf jüngeren Schwestern soll Sigmund eine Art väterlicher Bruder gewesen sein. Die nächstjüngere Schwester Anna klagte später über Sigmunds Dominanz: Während die Schwestern Kerzen benutzen mussten, hatte er eine Petroleumlampe; er aß allein in seinem Zimmer; er setzte durch, dass das Klavier abgeschafft wurde, weil ihn Annas Üben störte, und so entfiel der Klavierunterricht für seine Schwestern. Der zehn Jahre jüngere Bruder Alexander stellte Sigmunds Autorität nie infrage. Beide reisten viel zusammen, Alexander trug das Gepäck des älteren Bruders. Auf dieser Basis verband gegenseitige Zuneigung die Brüder lebenslang.

Freuds Geschwistererfahrungen lassen sich also in etwa so zusammenfassen: In der frühen Kindheit sind sie mehrfach traumatisch mit einem jüngeren Bruder und einer selbst traumatisierten Mutter; später die Dominanz über fünf jüngere Schwestern, die ihn bewunderten; keine Erfahrung mit dem Rivalisieren zwischen Brüdern. Er wollte sich immer als privilegierter Ältester sehen, fühlte sich aber in dieser Position wohl lebenslang durch sein Julius-Trauma bedroht.

## Geschwister in Freuds Theorie

Sigmund Freuds Behandlung der Geschwisterthematik in seiner psychoanalytischen Theorie spiegelt seine autobiografische Geschwistererfahrung wider. Es ist eine traumatische Erfahrung und daraus leitet sich auch seine negative Sicht der Geschwisterdynamik ab. Aus seiner Erfahrung in der Selbstanalyse, dass er – anders als bei anderen Konflikten, die er mit diesem Instrument lösen konnte – seinem Geschwisterkomplex nicht gewachsen war und dieser ihn immer wieder einholte, schreibt er Geschwisterbeziehungen generell eine dunkle, bedrohliche Seite zu. Er hält hier irrtümlich die destruktive Dynamik seiner traumatischen Erfahrung für eine allgemeingültige. Da es ihm nicht gelingt, diese für ihn bedrohliche Dynamik zu bewältigen, retuschiert er sie aus seiner Biografie weg und verzichtet für sein theoretisches Konzept auf die Geschwistererfahrung, mit dem Ergebnis einer alleinigen vertikalen Eltern-Kind-Achse, einem familiendynamischen Torso.

Eingestreut an verschiedenen Stellen seines Werkes charakterisiert Freud Geschwisterbeziehungen wie folgt:

> »Seine Geschwister liebt das kleine Kind nicht notwendigerweise, oft offenkundig nicht. Es ist unzweifelhaft, daß es in ihnen seine Konkurrenten haßt, und es ist bekannt, wie häufig diese Einstellung durch lange Jahre bis zur Zeit der Reife, ja noch späterhin ohne Unterbrechung anhält. Sie wird ja häufig genug durch eine zärtlichere abgelöst oder sagen wir lieber: überlagert, aber die feindselige scheint sehr regelmäßig die frühere zu sein. Am leichtesten kann man sie an Kindern von 2 ½ bis 4 und 5 Jahren beobachten, wenn ein neues Geschwisterchen dazukommt« (Freud 1916, S. 208f.).

Erwachsene tragen von früher her böse Wünsche gegen ihre Geschwister in ihrem Unbewussten, die sich in Träumen realisieren können: »[…] wenn man den Wunsch nach dem Tode der Geschwister hinter einem Traume aufdeckt, braucht man ihn selten rätselhaft zu finden und weist sein Vorbild mühelos im frühen Kindesalter […] nach« (Freud 1916, S. 209).

Bei genauerem Hinschauen fällt auf, wie Freud sich windet, solche schwerwiegenden Aussagen zu belegen: Er finde es hochinteressant, kleine Kinder in ihrem Verhalten zu jüngeren Geschwistern zu beobachten. Es folgt die verblüffende Mitteilung: »Bei meinen eigenen Kindern, die einander rasch folgten, habe ich die Gelegenheit zu solchen Beobachtungen versäumt« (Freud 1900, S. 257). Er hole sie bei seinen Neffen und Nichten nach. Hier bringt Freud aber nur harmlose Beispiele.

Bleiben als Belege für seine negative Sicht die Träume seiner Patienten – bei keiner seiner Patientinnen habe er einen Traum vom Tod der Geschwister vermisst! Die englische Analytikerin Prophecy Coles meint dazu lakonisch, sie halte nichts davon, dass unsere psychische Existenz von Destruktivität bestimmt sei, und sie kenne kein Baby, auf das eine Objektfeindlichkeit dieser Art zutreffe. Eine Deformation der Fähigkeit zu lieben sei eine Schicksalserfahrung, die die Leute in unsere Praxen führe (Coles 2003; Sohni 1994).

Der offensichtliche Widerspruch zwischen Freuds negativen Aussagen in seinem Werk sowie seinen eigenen positiven Erfahrungen bei seinen Kindern und (später) Enkeln, wie sie sich in den Briefen an seine Kinder darstellen, bleibt unerklärbar. Hat er wirklich angenommen, die eigenen Kinder hatten zuerst ein feindseliges Verhältnis zueinander und sie wünschten in ihren Erwachsenenträumen ihren Geschwistern den Tod? Kaum glaubhaft. So bleibt zum Beleg nur einer: nämlich er selbst mit seiner traumatischen Erfahrung und ihren späteren Auswirkungen. Aber *sein* Versuch, mit der unerträglichen Situation fertig zu werden, bestand in Schweigen.

Nur ein Querverweis sei hier die Anmerkung, dass auch in psychoanalytischen Institutionen der Anfangszeit so etwas wie »Geschwisterkonflikte« auftraten, aber nie als solche wahrgenommen wurden. Im Umgang der Analytikerinnen und Analytiker der ersten Generation und bei den frühen Versuchen, sich institutionell zu organisieren, kam es wie in jeder vergleichbaren Situation zu Konflikten. Diese Konflikte entstanden auf der horizontalen Achse einer Gruppe und einer Generation. Es sind Geschwisterkämpfe, Bruder- und Schwesternkämpfe. Und genau das wurde für die Beteiligten zu einer besonderen Herausforderung (siehe etwa Ferenczi 1908, S. 52; Freud/Jung 1974, S. 584; Schröter 1995; Maciejewski 2006; vgl. ausführlicher Sohni 2011).

## Die Interpersonalität der Persönlichkeit

Unser heutiges Verständnis menschlicher Persönlichkeit und Identität ist ein *interpersonales*. Es geht von einer »Entwicklung miteinander« aus, in der Individualisierung und Beziehungsfähigkeit parallel entstehen. Diese Sichtweise bietet auch den Rahmen für eine Konzeptualisierung der Geschwisterbeziehungen und ihrer tieferen Dynamik.

Der Geschwisterstatus bedeutet eine eigenständige Lebenserfahrung. Unter den Herausforderungen psychosozialer Integration verändern sich Geschwisterbeziehungen während des gesamten Lebens. In der geschwisterlichen Bezogenheit gestaltet sich eine horizontale Beziehungserfahrung im vertikalen Zusammenspiel mit den Eltern.

Psychoanalyse, Entwicklungspsychologie und Familientheorie bieten Instrumente, mit denen Geschwisterbeziehungen in ihrer Komplexität darstellbar sind. Die Psychodynamik der Geschwisterbeziehungen umfasst zugleich die individuelle Entwicklung des einzelnen Kindes, die Gesamtfamilie als interpersonale Einheit, das vertikale Zusammenspiel zwischen Eltern und Kindern sowie das horizontale Zusammenspiel der Geschwister untereinander.

In diesem komplexen Zusammenspiel können neben den gesunden Zügen auch Muster gestörter Beziehungen auftreten. Therapeutisch geht es also darum, den Blick zu schärfen für die Unterscheidung pathogener und gesunder Abläufe. Es gilt, die Bedingungen zu klären, unter denen sich Geschwisterbeziehungen in ihrem konstruktiven Potenzial entwickeln. Neben dem Umgang mit gestörten Geschwisterbeziehungen und ihren teilweise dramatischen Folgen geht es in der Psychotherapie auch darum, diese Beziehungen als Ressourcen zu sehen und zu nutzen.

Im psychoanalytischen Diskurs existieren viele Begriffe zu *gestörten* Beziehungen, wir verfügen aber bisher nicht über einen entsprechenden Begriff für *gesunde* Entwicklungen – abgesehen von so schwerfälligen wie »Salutogenese« oder verwaschenen wie »Anpassung«. Daher spreche ich von *förderlichen* Bedingungen, konstruktiven oder einfach lebendigen Geschwisterbeziehungen. Mein Anliegen ist, dieses Geschwisterbild in unser Bewusstsein zu rücken, zumal es nach meiner Erfahrung jungen Psychotherapeutinnen und Psychotherapeuten heute weniger Mühe macht als älteren, sich in ihrem Beziehungsdenken die verschiedenen Ebenen gleichzeitig und in ihren multiplen Wechselwirkungen vorzustellen.

Am wenigsten geläufig ist uns vielleicht die Vorstellung, dass sich Geschwister nicht nur in ihrer jeweiligen individuellen Entwicklung unterstützen, sondern in ihrer Identität und Persönlichkeit durch gemeinsame Beziehungserfahrungen verbunden bleiben. Im psychosozialen Kontext interessiert heute die Frage, inwieweit Geschwisterbeziehungen nicht nur die längsten unseres Lebens sind, sondern zu einer wichtigen Ressource werden können.

## Instrumente zur Erfassung der Geschwisterdynamik

Unser heutiges Verständnis der Persönlichkeitsentwicklung ist schrittweise entstanden. Lange gab es »das Kind«, dann eine »Mutter-Kind-Dyade«, es folgt eine »Triade von Mutter-Vater-

Kind« und schließlich eine Familie als »Beziehungssystem«. Wohlgemerkt: Irrtümlich verstanden die Forscher diesen Prozess zunächst als Schrittfolge der psychischen Entwicklung selbst, während er tatsächlich nur Schritte einer zunehmend komplexer werdenden Theoriebildung kennzeichnet. Die nachfolgend skizzierten Ansätze bereiten sozusagen den Boden vor, bis schließlich die Geschwister explizit in die individuelle Persönlichkeitsentwicklung einbezogen werden.

Das *Freud'sche Strukturmodell* der Persönlichkeitsentwicklung ist auf die »ödipale« Entwicklung hin zentriert. Der »Ödipuskonflikt« umfasst die sexuellen und aggressiven Triebwünsche, die »das Kind« gegenüber seinen Eltern empfindet (im Extremfall »will« der kleine Junge seine Mutter heiraten und seinen Konkurrenten, den Vater, beseitigen). Einseitig geht es um die Fantasien des Kindes im Hinblick auf seine Eltern, und zwar innerhalb eines vertikalen Beziehungsdreiecks. Ungeachtet der realen Beziehungen des Kindes soll sich in einem intrapsychischen Prozess die psychische Struktur bilden. Wo bleiben da die Geschwister?

Die heute tonangebenden *Objektbeziehungstheorien* erweitern den psychischen Entwicklungsprozess zu einem interpersonalen. Erfahrungen, die das Selbst mit anderen Menschen – auch seinen frühen Bezugspersonen – sammelt, werden internalisiert und führen zum Aufbau von Objektrepräsentanzen (permanenten inneren Strukturen). Das Selbst zeigt also einen interpersonalen Charakter. Es entstehen kognitiv-affektive Schemata des Selbst und des Anderen (Objekts), die das spätere Verhalten regulieren. In dieses Modell können Geschwister eingefügt werden. Die Objektbeziehungstheorien kennen allerdings bisher nur Mutter- und Vaterobjekt. Die Entstehung einer Geschwisterobjektrepräsentanz aus der Geschwisterdynamik haben sie noch nicht konzipiert.

Objekttheoretiker wie William R. Fairbairn, Michael Balint und Donald W. Winnicott lenkten die Aufmerksamkeit von der Struktur auf den Inhalt. Fairbairn betonte das Bedürfnis nach dem Anderen, Balint nannte es »primäre Liebe«. Mit diesem Konstrukt wird Beziehung etwas Substanzielles, ist nicht mehr nur funktional. Und ein Kind wird darin bei seiner Entwicklung selbst aktiver Partner. Alfred Adler hatte schon (kontrovers zu Freud) die Auffassung vertreten, das Kind komme nicht als Egoist zur Welt, sondern mit einem angeborenen »Gemeinschaftsgefühl« (Adler 1933). Auch diese Theorie erscheint wie ein erster Schritt zu einem Verständnis der Geschwisterdynamik.

Psychoanalytische Theorien lassen oft den Eindruck entstehen, die Entwicklung sei ein progressiver Prozess hin zur Individuation. Das Getrenntsein von anderen sei das erstrebenswerte Ziel. Darin äußert sich abendländisch-westliches Denken, in dem Autonomie mehr gilt als soziale Verbundenheit, die häufig als »Abhängigkeit« missverstanden wird. Meist unbemerkt wird so ein kulturspezifischer Inhalt verallgemeinert. Die japanische Kultur beispielsweise begreift das Selbst anders, nämlich als ein relationales und abhängiges; in afrikanischen Kulturen korrespondiert das Selbst nicht mit einem anderen Individuum, sondern mit einer Gruppe.

Kritiker des einseitig autonomen Selbst westlicher Denkart fordern schon lange ein Konzept der »we-ness« (Wir-heit). Eine in der Psychoanalyse bisher fehlende »Wir«-Psychologie neben der Selbst-Psychologie würde einen grundlegenden Wandel in unserer Weltsicht bedeuten. Sie könnte es auch erleichtern, das Zusammenspiel von Geschwistern zu beschreiben. Shihui Han und Georg Northoff (2009) verbinden in ihrem neuen Ansatz Psychoanalyse und Hirnforschung. Danach arbeitet das Gehirn als neuronales Kontinuum zwischen dem Ich und dem Wir. »Ich-bezogene« westliche und »wir-bezogene« chinesische Versuchspersonen zeigen bei denselben Fragestellungen entsprechend unterschiedliche Aktivitäten der beteiligten Hirnareale. Die ich- und wir-bezogenen Hirnfunktionen arbeiten also kulturspezifisch.

Im *interpersonalen* Ansatz der Psychoanalyse (Sullivan 1980; Mitchell 1988) wird psychische Entwicklung so verstanden, dass Erfahrungen des Selbst mit »dem Anderen« verinnerlicht werden. Feministische Psychoanalytikerinnen gewichten dabei die intersubjektive Dimension stärker, betonen also eine horizontale Sicht: Jessica Benjamin (1990) interessiert sich für *wechselseitig gleichwertige* Beziehungen. Die Psychoanalyse soll aus einer »Subjekt-Objekt«-Disziplin zu einer »Subjekt-Subjekt«-Disziplin werden.

Analytikerinnen wie Jessica Benjamin (1990) oder Margarete Mitscherlich (1990) ersetzen das vertikale ödipale Modell (Kind und Eltern) durch das horizontale Modell der *Geschwisterlichkeit*. Sie erinnern an die Faszination, die von diesem horizontalen Topos vom Ende des 18. Jahrhunderts bis ins beginnende 20. Jahrhundert ausging. Georg F.W. Hegel (1980) lieferte dazu den philosophischen Entwurf, für ihn stellte Geschwisterlichkeit den Prototyp wechselseitiger Beziehung dar. Dieser Ansatz liefert unter den psychoanalytischen den wichtigsten Impuls, um die Geschwisterdynamik in den Blick zu bekommen.

Im deutschsprachigen Raum führt Thea Bauriedl (1980, 1994) die Psychodynamik wechselseitiger Beziehungen weiter aus. Nicht Individuation *oder* Kontakt sind Ziel menschlicher Entwicklung, sondern diese vollzieht sich als eine individuelle *und* als eine soziale. Die Fähigkeit zur Abgrenzung und die Fähigkeit zur Kontaktaufnahme sind aufeinander bezogen. Es geht prinzipiell nicht um einen phasenhaften, sondern um einen dialektischen Vorgang. So entstehen »Ich« und »Anderer« gleichzeitig. Eine Balance zwischen Autonomie und Verbundenheit ist immer wieder neu zu erarbeiten.

Das *triadische Modell*, sich die psychische Entwicklung eines Menschen als interpersonalen Beziehungsprozess vorzustellen, ist ein Ergebnis der Zusammenarbeit von entwicklungspsychologischer Beobachtung und psychoanalytischer Erforschung des Unbewussten. Zuerst sah man dabei Mutter, Vater und *ein* Kind im Zusammenspiel vor sich. Das Kind wird einerseits in die imaginäre (von seinen Eltern repräsentierte) und andererseits in eine interaktionale Triade hineingeboren, in die es selbst aktiv eingreift.

Die imaginäre Triade beginnt mit den bewussten und unbewussten Fantasien der Eltern von ihrem Kind, und zwar noch vor seiner Geburt und womöglich schon vor seiner Zeugung. Schon hier kann die Geschwisterdynamik mitspielen: In der unbewussten Erwartung kann das eigene Kind für die Mutter und den Vater anstelle eines eigenen Geschwisters stehen. Horst-Eberhard Richter (1963) nannte diese elterliche Projektion »das Kind als Substitut für eine Geschwisterfigur«. So könnte die jetzige Elternfigur früher dem Bruder oder der Schwester an Schönheit, Klugheit, Selbstsicherheit unterlegen gewesen sein und muss jetzt unbewusst befürchten, durch das Kind die gleiche narzisstische Kränkung zu erfahren.

Während Freud »ödipale« Fantasien nur vom Kind her in Richtung auf seine Eltern beschrieb, ergänzte Richter die Gegenrichtung im vertikalen Beziehungsdreieck mit seinem Konzept unbewusster Fantasien der Eltern in Bezug auf ihr Kind. Solche unbewussten Geschwisterkonflikte bei den Eltern können sich vor der Geburt ihres ersten Kindes aktualisieren und wirken sich möglicherweise in Schwangerschaftsunterbrechungen, dem bewussten Verzicht auf Kinder oder als unerfüllter Kinderwunsch aus.

> In der Psychoanalyse einer älteren Patientin spielten neben ihren Eltern auch ihre vier Geschwister wichtige Rollen, darunter die jüngste Schwester. Die Patientin erlebte sie von klein auf als »Gegenstück« zu sich selbst. Aus ihrer Sicht hatte die Schwester bei den Eltern einen »privilegierten« Platz, »ohne Gegenleistung« war sie den Eltern nahe, während sie selbst sich einen Platz bei den Eltern nur erkaufen konnte, indem sie ihre eigenen Wünsche verleugnete und auf die emotionalen Bedürfnisse des Vaters und der Mutter ersatzpartnerschaftlich einging. Mehrere Schwangerschaftsabbrüche und die Kinderlosigkeit der Patientin wurden im Therapieverlauf als auf die Eltern *und* auf diese Schwester bezogen erkannt.
>
> Die Ersatzpartnerschaft zu den Eltern und der Neid auf die Schwester lösten sich in der Therapie gleichzeitig auf, und zu den Schwangerschaftsabbrüchen stellte sich Trauer ein. Im Austausch mit der Schwester überraschte diese die Patientin mit ihrer Version, dass sie sich gar nicht als privilegiert erlebt habe, sondern ausgeschlossen von der intimen Vertrautheit der Patientin mit den Eltern und ausgeschlossen vom »Geschwisterquartett«. Die Patientin konnte an der daraus entstandenen Haltung ihrer Schwester – »Ich habe keine Geschwister« – nichts ändern, konnte sich aber in die Version der Schwester einfühlen. Sie musste nicht mehr agieren, war aber traurig darüber, dass erst einmal keine Nähe zu ihr möglich wurde.

Schon ein wenige Monate alter Säugling nimmt mit seinem Vater und seiner Mutter Kontakt auf, ohne dass einer der beiden ausgeschlossen würde, sofern diese Eltern triadische Beziehungsmuster (als innere Szenen) mitbringen (von Klitzing et al. 1999). Dieser Befund ist zugleich ein Entwicklungsprototyp, denn die triadische Beziehungsfähigkeit ist eine *potenzielle*. Sie entfaltet sich real nur dann, wenn die Eltern geeignete Rahmenbedingungen bieten. Ich werde später noch zeigen, dass das analog auf Geschwisterbeziehungen zutrifft. Wie schon erwähnt, untersuchte man in der Forschung zuerst das vertikale Beziehungsdreieck Mutter-Vater-(erstes)Kind, erst danach auch die horizontalen Triaden, das heißt Beziehungen oder Interaktionen zwischen Bruder und Schwester sowie Mutter und Vater. Geschwister werden damit tatsächlich (bis auf ein episodisches Auftauchen) in der psychoanalytischen Theorie erst seit den 1980er Jahren berücksichtigt.

Henri Parens (1988) untersuchte 20 Jahre lang Kinder von deren Geburt an bis zum Alter von vier Jahren in ihren Geschwisterinteraktionen. Sein Ergebnis war: Geschwister stellen *komplementäre Primärobjekte* dar, das heißt, sie sind für die Entwicklung genauso wichtig wie die Eltern. Parens beobachtete zum Beispiel, wie ein Kleinkind, das Ärger mit seiner Mutter hatte, in einer Interaktionstriade seinen feindseligen Affekt nicht gegen die Mutter, sondern gegen ein (meist jüngeres) Geschwister wandte. Ähnliche Affektverschiebungen kommen auch innerhalb von Kind-Geschwister-Interaktionstriaden vor, etwa in dieser Variante: Der zweieinhalbjährige Donny schlägt die 14 Monate alte Candy auf den Kopf. Diese wird wütend, wendet sich aber nicht gegen Donny, sondern knufft ihre Zwillingsschwester Cindy. Geschwister fungieren bei dieser Affektverschiebung (und in weiteren untersuchten Bereichen) als *Brückenobjekte*. Sie erleichtern einen Reifungsschritt in der Selbst- und Beziehungsregulierung.

Solche frühen Geschwisterrepräsentationen werden, so nimmt die Entwicklungspsychologie an, von später entstehenden nicht abgelöst oder ausgelöscht, sondern werden von diesen ergänzt, bestehen lebenslang weiter und stehen mit früher und später entstandenen in Wechselwirkung. Ich möchte dazu einen Traum aus einer Erwachsenenanalyse anführen:

> Ein 35-jähriger Analysand schilderte aus einem Traum die Szene, er stehe wütend vor seinem Vater und wolle diesen ohrfeigen. »Ich hatte die Hand erhoben, konnte sie aber nicht bewegen. Ich fragte mich: ›Kann ich denn ohrfeigen?‹ Meine Schwester war in der Nähe und ich probierte es an ihr aus: ›Ja, es geht, ich kann.‹ Ich versuchte es wieder beim Vater und es ging abermals nicht.«

Im Behandlungskontext war es dem Analysanden bisher nicht gelungen, sich mit seinem Vater angemessen auseinanderzusetzen. Unter mehreren Geschwistern empfand er Konflikte mit dieser Schwester als am wenigsten problematisch. Im Probehandeln im Traum zur Lösung eines Erwachsenenkonflikts greift der Erwachsene auf das Muster der Affektregulierung (durch Abfuhr an nächstschwächere Objekte) aus der frühen Kindheit zurück – in dieses Muster sind Geschwister triadisch integriert.

Ian Graham (1988) untersuchte die Geschwisterdynamik in 35 Erwachsenenanalysen. Für ihn fungieren Geschwister als »developmental companion« (Entwicklungsbegleiter) und »transferential shaper« (Übertragungsformer): Es gibt bei der Individuation seit frühester Kindheit eine eigenständige triadische »Geschwisterlinie« (etwa Bruder-Schwester-Mutter), die mit den Eltern-Kind-Entwicklungslinien (Mutter-Vater-Tochter; Mutter-Vater-Sohn) interferiert.

## Die horizontale Beziehungsebene zwischen Geschwistern

Geschwister sind einander physisch, kognitiv und emotional nahe. Aufgrund dieser ähnlichen psychosozialen Organisation formen sich wesentliche persönlichkeitsprägende Erfahrungen im horizontalen Beziehungsfeld zwischen Geschwistern und qualitativ anders als im vertikalen Beziehungsfeld zwischen Eltern und Kindern. Geschwister gestalten diese Erfahrungen vor allem im Spiel, in der Identifikation und mittels der Fantasie. Auf diese Weise erlernen sie horizontal geprägte emotionale und soziale Kompetenz und das Management von Konflikten.

## Das geschwisterliche Spiel

Ein Säugling scheint die Ähnlichkeit eines Gegenübers ambivalenzfrei als lustvoll zu erleben. Hier bereichern die »Babywatchers« mit der Beobachtung von Verhalten und Interaktion unser entwicklungspsychologisches Wissen. Im Alter von drei Monaten reagieren Säuglinge entzückt auf ihr Spiegelbild (»mirroring«; Bohleber 1992). Ein Baby im Alter von vier bis fünf Monaten lächelt gleichaltrige Kinder oder sein wenig älteres Geschwister an oder wird von dessen Schreien angesteckt. Im Alter von sechs bis acht Monaten berührt es andere; gleichaltrige Babys kuscheln sich aneinander. Mit 9–13 Monaten erforscht ein Kind sein Gegenüber, indem es sein Gesicht betastet oder es an den Haaren zieht.

Später löst das *Spiel* dieses explorative Stadium ab. Geschwister spielen intensiv miteinander, anfangs eher nonverbal, und sie verbringen viel Zeit damit. Das ist ihre Art der Unterhaltung, ein identitätsstiftendes Spiel. Wenn die Kinder »Vater-Mutter-Kind« spielen, fantasieren sie Rollenwechsel. Sie identifizieren sich spielerisch mit den Positionen des Kindes, der Mutter und des Vaters und erproben sie im Wechsel. Geschwister (und Peers) spielen dieses Spiel leidenschaftlich und unermüdlich, bis in die Adoleszenz. Sie wechseln dabei in der Fantasie auch die Geschlechts- und die Generationsidentität. Neunjährige Zwillingsschwestern etwa können laufend Rollenwechsel im gemeinsamen Spiel fantasieren. Mal ist die eine ein Wahrsager, die andere dessen Frau. Dann wieder sind beide Frauen. Anschließend ist die eine das Kind der anderen. Oder sie sind ein Hochzeitspaar: Die eine ist der Bauernbräutigam, die andere die Braut.

Donald W. Winnicott überraschte immer wieder mit visionär anmutenden, seiner Zeit vorauseilenden Einsichten. Er beschrieb 1966 das Vater-Mutter-Kind-Spiel zwischen Geschwistern als Experimentieren mit »Treulosigkeit«. Das Erregende sei nicht der libidinöse Zug, sondern der Wechsel der »Loyalitäten«: Darin ist noch die Szene erkennbar, wie sich ein Kind dem einen zuwendet, diesen verlässt, sich einem anderen zuwendet und wieder zum vorigen zurückkehrt.

Winnicott zweifelt dabei die Hauptrolle der Eltern überhaupt an: »Ich habe den Eindruck, man stellt sich die Familie häufig als eine Struktur vor, die von den Eltern gebildet und aufrechterhalten wird, als eine Art Rahmen, in dem die Kinder leben und heranwachsen können.« Dagegen werde »die Rolle, die jedes Kind im Funktionsrahmen der Familie spielt, […] unterschätzt« (Winnicott 1990, S. 152ff.). Es seien die Säuglinge und Kinder, die um sich her eine Familie schaffen! Wenn die Geschwister im gemeinsamen Spiel ständig in andere Rollen schlüpfen, eignen sie sich ihre Identität – durch das Vergleichen – auf einer horizontalen Aktionsebene an. Identität bedeutet nicht nur »So bin ich« und »So ist der und der andere«, sondern zusätzlich »So ist die Beziehung zwischen uns und zwischen denen«.

## Die Bedeutung der Geschwister für die frühe Persönlichkeitsentwicklung

Das artistisch anmutende Spiel mit den wissenschaftlichen Begriffen kann nicht darüber hinwegtäuschen, dass der Tanz um die *ödipale Triade* wie um das goldene Kalb nicht länger haltbar ist. Zweifellos bleibt die ödipale Struktur als innerseelisches Reifungsstadium wichtig, aber nicht als privilegiertes. Eine Orientierung an den Eltern als *Primärobjekten* und eine Einteilung in *prä-* und *postödipale* Entwicklungsschritte bedeutet eine Verzerrung. Entwicklung vollzieht sich ebenso horizontal zwischen Gleichen wie vertikal zwischen Ungleichen. Beide Prozesse laufen von Anfang an nebeneinander und gleichwertig; sie gestalten sich in gegenseitiger Wechselwirkung.

Das triadische Beziehungsmodell bedeutet nicht, dass sich eine Person ständig mit zwei anderen beschäftigt. Es sagt auch aus, dass zum Beispiel ein Kind und seine Mutter zwar gerade etwas intensiv dyadisch miteinander tun oder empfinden, der Vater aber dennoch als Dritter innerlich präsent bleiben kann (also nicht ausgeschlossen wird). Das Gleiche gilt für Geschwister. Die geschwisterliche Beziehung ist nicht, wie es oft heißt, »relativ eigenständig«, sondern sie ist horizontal eigenständig und für die geschwisterliche Entwicklung entscheidend, wenn die Eltern schützend präsent bleiben. Was genau das heißt, werde ich später zeigen.

In einer Familie mit Kindern gibt es zwei horizontale Ebenen: das Elternpaar und die Geschwister. Paaren sprechen wir eher eine horizontale Eigenständigkeit zu als Geschwistern. Bei ihnen mag es uns so vorkommen, als seien sie ohne eindeutige Struktur (Variantenreichtum nach Zahl, Altersabstand und Geschlecht) oder nur episodisch aufeinander bezogen. Die Babywatchers liefern uns erstaunliche Zahlen: Einjährige haben mit Geschwistern etwa gleich viel Umgang wie mit der Mutter. Im Alter von drei bis fünf Jahren verbringen Kinder doppelt so viel Zeit mit ihren Brüdern und Schwestern wie mit der Mutter. Eingedenk der Überlegung, dass es nicht allein darauf ankommt, ob die Eltern physisch an- oder abwesend sind, fragen wir jetzt: Wie begegnen sich Geschwister in einem eigenständigen Raum?

## Geschwisterliche Gemeinsamkeit affektiver Zustände

Säuglinge entwickeln aus den Wiederholungselementen ihrer Erfahrungen Prototypen und speichern sie in einem vorsprachlichen, prozeduralen Gedächtnis. Daniel Stern (1992, S. 143) spricht von RIGs (»*r*epresentations of *i*nteractions that have been *g*eneralized), generalisierten Interaktionsrepräsentationen (Sohni 1998). Diese Muster sind als Fühl-Denk-Verhaltens-Programme abrufbar. Das Entscheidende liegt »besonders in der präverbalen Zeit, aber im Wesentlichen ein Leben lang in den nonverbalen, affektiv hochbesetzten Aspekten der Kommunikation« (Lichtenberg et al. 1996, S. 414).

Nach Daniel Stern (1992, S. 188f.) ist für die psychische Entwicklung gegen Ende des ersten Lebensjahres die Gemeinsamkeit affektiver Zustände von besonderer Bedeutung. Hier werden die Geschwister zu wichtigen Erfahrungspartnern einer »gemeinsamen affektiven Intentionalität«. Judy Dunn (2007) beobachtete Interaktionen zwischen älteren und jüngeren Geschwistern, zum Beispiel wenn ein dreijähriges und ein einjähriges Kind plötzlich in gemeinsames Gelächter ausbrechen. Oder die Geschwister necken einander und amüsieren sich offensichtlich köstlich, ohne dass sich diese Situationen dem Verständnis eines Erwachsenen erschließen.

Die interkulturelle Geschwisterforschung berichtet über die Horizontalisierung affektiver Interaktionen bei der Sozialisation von Kindern. Bei den Kwara'ae in der Südsee, einer melanesischen Stammesgesellschaft, gehen die Eltern routinemäßig so vor: Der Vater äußert Kritik, Missbilligung oder Schelte gegenüber einem älteren Kind, das sie dann wiederum seinem jüngeren Geschwister vorträgt, an das sie gerichtet sind. Auf dem Umweg über das ältere Geschwister wird mit der Horizontalisierung mehr Gemeinsamkeit in der affektiven Interaktion erreicht, und die inhaltliche Kritik wird nach der Erfahrung der Kwara'ae vom jüngeren Geschwister leichter akzeptiert als in einer direkten, vertikalen affektiven Intervention der Eltern (Kasten 1993b, S. 39–44).

## Identifikation

Vergleicht sich ein kleiner Junge mit seinem Vater, so ist es nach Sigmund Freud sein intensivster Wunsch, so groß zu werden wie der Vater (bei positiver Übertragung). Dieser Vergleich kann aber ebenso zu einer negativen Erfahrung von Ungleichheit führen und den Jungen Beschämung, Angst, Bedrohung und Kränkung empfinden lassen – die »Gulliver-Erfahrung« (Petri 1989, S. 66ff.): Aus der Sicht der Kleinwüchsigen (die »Liliputaner«) ist Swifts Romanfigur Gulliver ein Riese. Die Entwicklungspsychologie ist sich darin einig, dass sich wesentliche Bereiche der Persönlichkeitsentwicklung (wenn Eltern Schutz und Geborgenheit bieten) im horizontalen Beziehungsfeld mit Gleichaltrigen und mit Geschwistern vollziehen, nicht im vertikalen Beziehungsfeld – ein perspektivischer Wechsel, den ich als *Horizontalisierung* im Verständnis der Persönlichkeitsentwicklung bezeichne.

Dieser Entwicklungsprozess ist eingebettet in die Erfahrung von Gemeinsamkeit unter einander Ähnlichen. Juliet Mitchell (2003) nennt die Identifikation mit den Eltern sogar eine traumatische Erfahrung: »Du denkst, du bist gleich, aber du bist es nicht« – das Baby wird durch Verneinung zum »Kind«. Dagegen führt die Identifizierung mit Geschwistern und Peers zur *Differenzierung*: »Du bist wie die anderen, aber mit Unterschieden« – das Baby wird positiv zum Gleichaltrigen (eigene Übersetzungen).

Geschwister verbindet körperliche Intimität, sie erleben früh miteinander aggressive und libidinöse Impulse, sind einander physisch, emotional und kognitiv ähnlich. Zwischen Geschwistern finden die ersten vergleichenden intimen Erfahrungen statt. Zahlreiche Studien belegen, dass zwischen Geschwistern soziale Unterstützung anders wahrgenommen und leichter angenommen werden kann als im vertikalen Feld zwischen Eltern und Kindern. Aufgrund einer ähnlichen psychosozialen Organisation in Stärken wie Schwächen sind sich Geschwister auch bei Konflikten nahe. Diese Erfahrung ist qualitativ völlig anders als bei Konflikten mit den Eltern.

Vergleicht sich ein Kind mit seinen Eltern oder mit einem Geschwister, ist das eine psychische Operation, die meistens »Identifikation« genannt wird. Wir stoßen hier auf ein prinzipielles Dilemma psychoanalytischer Begriffsbildung. Was Säuglinge wirklich erleben, können wir nicht wissen, und behelfen uns daher mit Theorien. Vergleichen oder Identifizieren im horizontalen Beziehungsfeld ist ein zentraler Prozess der Persönlichkeitsentwicklung und wird uns daher wiederholt begegnen. Ich verwende den Begriff »Identifikation«, ohne auf unterschiedliche Bedeutungen in den verschiedenen psychoanalytischen Ansätzen oder auf das jeweilige affektiv-mentale Organisationsniveau einzugehen.

Die Identifikation ist eine Begegnung, ein Sich-Hineinversetzen in einen anderen oder eine Beziehung mittels Fantasie und Affekt (es kommt dem »Mentalisieren« nahe, siehe unten). Es bleibt dabei ein Spielraum zwischen Gleichheit (Ähnlichkeit) und Unterschiedlichkeit. Identifikationen mit Geschwistern können für wenige Augenblicke bestehen, aber auch für Jahre oder Jahrzehnte. Die Identifikation hat also einen Anfang und ein Ende, zur Identifikation gehört die *Deidentifikation.* Jemand kann sich mit dem Argument eines anderen (nachvollziehend) »identifizieren« und doch nicht damit übereinstimmen – das heißt, beim Identifizieren wird die Position des anderen aus dessen Sicht verstanden.

Identifizieren ist ein Herausgehen aus sich selbst, um kurzzeitig der andere zu werden; es folgt ein Hineingehen, das gerade ausreicht, um zu schauen und zu verstehen, dann ein Wiederherausgehen, die Deidentifikation. Diese führt wieder zur Trennung zwischen dem anderen und sich selbst (Mitchell 2003). Doch sind wir dann nicht mehr dieselben wie vorher, zumindest können wir uns fragen: »Wer bin ich wirklich? Wer will ich sein?« Deidentifikation und Differenzierung sind zwei Teilschritte.

### Koevolutive Geschwisterdynamik

Häufig wird – unter dem Begriff »social support« – die geschwisterliche Unterstützung als Hilfe für die individuelle Entwicklung verstanden. Dieser Hilfeprozess ist aber komplexer. Er ist *interpersonal*, und dabei kooperieren die Geschwister. Jean Piaget nennt das, was auf diesem Weg entsteht, »kooperative Moral«: »Nicht nur ist zwischen Erwachsenen und Kindern keine Gleichheit möglich, sondern die Gegenseitigkeit zwischen Kindern läßt sich auch nicht befehlen: von außen aufgezwungen führt sie nur zu einer interessierten Berechnung oder bleibt den Begriffen der Autorität [...] untergeordnet« (Piaget 1973, S. 317). Der Sinn für Gleichheit, Gerechtigkeit, für die gegenseitige Anerkennung und für das soziale Empfinden entsteht nicht zuletzt als geschwisterliche Beziehungserfahrung.

Zahlreiche Märchen illustrieren die Rolle von Geschwistern im Prozess der Individuation und Identitätsbildung. Oft erscheint dabei die Schwester als Helferin (»Brüderchen und Schwesterchen«, »Die sieben Raben«, »Die zwölf Brüder«), in anderen (wie in »Hänsel und Gretel«) ist es ein gegenseitiger Prozess (vgl. Sohni 1999b). Jüngere Geschwister lernen von älteren: Der ältere Bruder ist gerade eingeschult, der jüngere interessiert sich brennend für das Alphabet und lernt spielend lesen. Diese Pionierfunktion nutzen Ältere natürlich aus. Der kleine Franz Kafka ließ als strenger »Schwimmlehrer« seine drei jüngeren Schwestern nackt auf dem Boden liegend nach seiner Anleitung Atemübungen machen. Auch Balmès' Dokumentarfilm *Babys* (2009) zeigt dazu köstliche Szenen.

In der *Geschwistererziehung* sehen Erziehungswissenschaftler eine noch wenig genutzte Chance (etwa im Montessori-Schulmodell, das jüngst kantonal an Schweizer Grundschulen flächendeckend eingeführt wurde) im Sinne einer Kooperation und Gegenseitigkeit. Soziale und kognitive Kompetenz entstehen gemeinsam! Ethnologen wiesen in vielen Gesellschaften eine zentrale Rolle von Geschwistern bei der Sozialisation ihrer jüngeren Brüder und Schwestern nach, besonders in der Sprachsozialisation. Die geschwisterlichen Interaktionen sind häufig spielerisch und meist effektiver als die Erwachsener, die rascher ungeduldig werden (Schmidt-Denter 2005).

## Fantasiegeschwister

Vermutlich 20–30 Prozent aller Kinder fantasieren sich von der Vorschulzeit an bis in die frühe Adoleszenz einen imaginären Gefährten, am häufigsten ein Geschwister oder einen altersgleichen Gefährten, meist als Begleiter über längere Zeit, ausgestattet mit Namen, Geschlecht, oft mit verblüffend konkreten Zügen und Eigenheiten.

Die Fantasie ist nach psychoanalytischem Verständnis eine kreative, entwicklungsfördernde Kraft. David Stern bezieht diese imaginären Prozesse als »phantasmatische Interaktionen« in ein interpersonales Konzept der Persönlichkeitsentwicklung ein (Stern 1992, S. 193). Besonders häufig (bis zu 40 Prozent) finden sich Fantasiegefährten bei Einzelkindern (Taylor 1999). Das Phänomen führt uns deutlich die Bedeutung von Geschwistern bei der Entstehung von sozialer, emotionaler und kognitiver Kompetenz vor Augen. Imaginäre Gefährten sind in Tagebüchern weit verbreitet (in der mittleren Adoleszenz in jedem zweiten Tagebuch): »Kathrin ist ein liebenswertes Mädchen, das sich sehr anmutig bewegt […]. Dann gibt es Zeiten, wo ich den Eindruck habe, dass sie wirklich alles perfekt macht, und bin froh, wenn ich einen Fehler finde« (Seiffge-Krenke 2009, S. 108).

In den Tagebüchern können Fantasiegeschwister wie hier »Kathrin« die Bedeutung haben, bei der Ablösung von Eltern und Geschwistern und dem Aufbau einer neuen Identität zu helfen. Sie können aber auch andere Funktionen erfüllen, wie in diesem Beispiel:

> Yasmin ist ein zehnjähriges Mädchen, das seine drogen- und alkoholabhängigen Eltern als unzuverlässig, vernachlässigend und übergriffig erlebt hatte. Sie lebt getrennt von ihren Schwestern in einer Einrich-

> tung. In ihrer Psychotherapie berichtet sie anfangs fast in jeder Sitzung lebendig und detailliert von ihrem neunjährigen Bruder. Sie erlebt ihn als Vertrauten, der ihr immer Recht gibt und immer zur Seite steht, gerade wenn die anderen nicht da sind. Sie ist stolz auf ihn. Lange bemerkt der Therapeut nicht, dass dieser Bruder ein Fantasiekonstrukt ist.
>
> Zu dieser Zeit hatte sie sich in eine Wohngruppe eingelebt und reale Kontakte geknüpft. Hier hat der Fantasiebruder eine kompensatorische Funktion gegenüber den Gefühlen von Einsamkeit, Verlust, Verlassenwerden und Wertlosigkeit. Yasmin findet in dieser imaginären Beziehung Liebe, Unterstützung, Begleitung und Anerkennung. Auf späteres Nachfragen hin ist Yasmin verwirrt und weiß nicht, von wem die Rede ist. Die in »Selbsthilfe« erschaffene Fantasiefigur löst sich auf, als das Mädchen reale Freunde findet.

Mit Fantasiegeschwistern umgeben sich nach meiner Erfahrung häufig männliche Jugendliche, die mit einer alleinerziehenden Mutter zusammenleben. Offenkundig dient die Konstruktion hier der Erweiterung einer ödipal brisanten Enge und einer fehlenden gleichgeschlechtlichen Identifikationsfigur.

Reale Geschwister können ihre Beziehung in Fantasiegeschichten umkonstruieren. So fantasierten sich zwei Schwestern jahrelang als Zwillinge: »Wir wollten verwechselt werden, wir wollten identisch sein, wir wollten uns vor den Zugriffen durch die Familie schützen« (Franzen/Penth 1992, S. 164). Bei Trennungen von Geschwistern infolge von Krieg und Flucht fantasieren sich die Kinder Geschwistergeschichten und erhalten so die Kontinuität ihrer Beziehung (und damit ihrer Familie) aufrecht – wie in Eberhard Fechners Fernseh-Dokumentarfilm *Wolfskinder* (1990) zum Fluchtschicksal von acht allein umherirrenden Geschwistern einer ostpreußischen Familie.

Früh verstorbene Geschwister werden nicht selten zu Fantasiegefährten und wachsen über die Jahre hin in gleich bleibendem Altersabstand mit. Philippe Grimbert (2007) schildert die bewegende Geschichte seines Fantasiebruders:

> »Als Einzelkind hatte ich lange Zeit einen Bruder […]. Schöner als ich, stärker als ich […]. Er begleitete mich zum Spielplatz, in die Schule, und jedem, den ich traf, erzählte ich von ihm. Zu Hause erfand ich sogar

> ein Spiel, damit er an unserem Familienleben teilhaben konnte: Ich bat darum, auf ihn zu warten, bevor wir uns zu Tisch setzten, ihm einzuschenken, bevor man mir einschenkte […]. Ich spürte den Druck seiner Finger an meinem Arm, seine Hand, die durch mein Haar fuhr […]. Wenn ich auf der Schulbank seine Schulter an meiner spürte, fühlte ich mich sicher, und wenn ich abgefragt wurde, flüsterte er mir oft die richtige Antwort ins Ohr.«

Im Lauf der Jahre veränderte sich der Bruder und wurde zu einer Last. Jahrelang litt Grimbert unter körperlicher Schwäche und dumpfen Schuldgefühlen. In unermüdlicher Puzzlearbeit rekonstruierte er ein Familiengeheimnis: Die erste Frau seines Vaters war mit Simon, seinem Halbbruder, nach Auschwitz deportiert und beide waren dort getötet worden. Grimbert war das Kind seines Vaters und dessen zweiter Frau, seiner Mutter. Der Fantasiebruder konnte sich mit dem Auffinden des realen Bruders auflösen. Mit der Offenlegung des Geheimnisses fiel die jahrelange Last von ihm ab – und diese Befreiung motivierte Grimbert, Psychoanalytiker zu werden.

Ein anderes Phänomen sind die *Geschwisterwunschfantasien*, die als horizontales Pendant der *Kinderwunschfantasie* (Berger 1987) betrachtet werden können.

> Die neunjährige Karin, ein Einzelkind, wünschte sich immer schon eine jüngere Schwester. Karin litt unter Einschlafängsten. Sie ängstigte sich »vor den offenen Augen« ihrer Puppe – »die sieht aus wie tot«. Karin wusste von der Sterilisation ihrer Mutter, die Ängste traten synchron mit dem Eingriff auf. Die Mitteilung »Du kannst keine Geschwister bekommen« verletzte die Geschwisterwunschfantasie. Das kann über eine Identifikation mit der Mutter die Tötung der Fantasieschwester bedeuten. Ziel der Psychotherapie wurde es, die fantasierte Schwester wieder lebendig werden zu lassen.

Das Beispiel zeigt auch die wohl häufig unterschätzte Bedeutung von Abtreibung und Sterilisation für die Geschwisterfantasie, eine verletzliche Stelle in der Entwicklung eines betroffenen Kindes.

Kinder können sich andere auch gezielt als Verbündete fantasieren. Im (getrennt durchgeführten) projektiven Test »Zehn

Wünsche« tauchte bei der siebenjährigen Regine der Wunsch auf, »eine Schwester zu haben. Ich hab' mir eine Schwester gewünscht, keinen Bruder! Er ist immer unfreundlich zu den Mädchen in seiner Klasse«, meinte Regine. Der elfjährige Bruder reagierte schwer gekränkt. Beide fanden am Ende die Lösung: Regine wünschte sich eine große Schwester, Jürgen wünschte sich einen großen Bruder.

Kinder schaffen sich Fantasiegeschwister aktiv-kreativ in unterschiedlichen Funktionen. Fantasiegeschwister helfen, die Entwicklung voranzutreiben und psychisch gesund zu bleiben – praktischerweise hat man Fantasiegeschwister auch vollkommen unter Kontrolle! Ich empfehle, die Suche nach Fantasiegeschwistern regelmäßig in die Diagnostik mit einzubeziehen, zum Beispiel über projektive Tests wie »Zehn Wünsche« oder als Erweiterung des »Familie-in-Tieren«-Tests (»Die Familie kann so viele Geschwister haben, wie dir einfällt«). Auch bei Familienskulpturen sollte regelmäßig an die Einbeziehung von Fantasiebegleitern gedacht werden.

## Mentalisieren

Schon frühere Studien belegten, dass Geschwistererfahrungen die *Empathie* fördern, also die Fähigkeit, sich in die Gefühle und Vorstellungen anderer hineinzuversetzen. In den letzten zehn Jahren hat sich das von Peter Fonagy und Mary Target (2007) entwickelte Konzept der *Mentalisierung* etabliert. Diese Fähigkeit entfaltet sich vom Säuglingsalter an während der gesamten Kindheit und hängt in ihrer Entwicklung entscheidend von der Interaktion mit »reiferen Psychen« ab, insbesondere mit Eltern, älteren Geschwistern und Peers. Vereinfacht gesagt, wissen die meisten Kinder im Alter von vier Jahren, dass andere Menschen andere Gefühle haben als sie selbst und dass ihre eigenen Gefühle von anderen reflektiert werden. Sie erkennen zum Beispiel den Zusammenhang von aggressivem Verhalten und zugrunde liegender Wut. Es ist eine imaginative Fähigkeit, weil wir uns dabei vorstellen, was andere Menschen denken oder fühlen könnten. Dieser Fähigkeit liegt eine *kollektiv geteilte Erfahrung* zugrunde.

Kinder mit älteren Geschwistern beginnen die Fähigkeit des Mentalisierens deutlich früher zu entwickeln als Einzelkinder oder Erstgeborene. Grundlage ist ein Austausch über Gefühle und Vorstellungen, und diese Art von Unterhaltung ergibt sich beim Spielen mit Bruder oder Schwester, viel seltener mit den Eltern. Wenn beide Geschwister eine Geschichte planen und sich darüber verständigen, wie sich der Protagonist verhält und warum, kommt es häufig zum Austausch über Gefühle und Stimmungen. Die Fähigkeit, den anderen zu täuschen, ihn zu ärgern, einen Konflikt zu regeln – all das entsteht zwischen Geschwistern wesentlich früher als bisher angenommen. Kinder beginnen zu verstehen, was ein anderes Kind, mit dem sie zusammen aufwachsen, motiviert und bewegt.

Geschwisterbeobachtungen haben damit zu einer neuen Perspektive im Verständnis der Mentalisierung geführt (Dunn 2007). Schon im Alter von 14 bis 16 Monaten interessieren sich Kinder für jeden Streit zwischen ihren Müttern und Geschwistern und dabei für die von den Kontrahenten geäußerten Emotionen.

In einem Experiment zeigte man Geschwisterpaaren im Kindergartenalter drei Spielzeuge. Anschließend durften sie jedoch nur eines davon benutzen. Die Kinder konnten die Spielzeuge aber tauschen. Dazu mussten sie sich zum einen darüber einig werden, dass sie mit dem ersten Spielzeug nicht mehr weiterspielen wollten, zum anderen hatten sie gemeinsam zu entscheiden, mit welchem der beiden anderen Spielzeuge es weitergehen sollte. Manche Geschwisterpaare prügelten sich bei diesem Aushandeln, andere regelten die Sache mit ein, zwei Worten. Die Geschwisterpaare wurden später noch einmal in der Schulzeit beobachtet. Diejenigen Geschwister, die sich beim Spielzeugtest schnell und unkompliziert geeinigt hatten, konnten auch später in der Schule soziale Konflikte besser lösen (Dunn 2007).

## Resilienz

Nachdem sich Psychoanalyse und Entwicklungspsychologie lange Zeit mit den Entstehungsbedingungen von Störungen befassten, gilt das Hauptinteresse in den letzten Jahren protektiven (gesund erhaltenden) Bedingungen, unter denen Menschen psychischer

Belastung standhalten. Unter dem Stichwort »Resilienz« wird die Frage diskutiert, warum Kinder, Jugendliche und Erwachsene auf ähnliche traumatische Erfahrungen so unterschiedlich reagieren. Einige bilden schwere und anhaltende psychopathologische Symptome aus, andere entwickeln sich offensichtlich gesund, jedenfalls unauffällig.

Die psychoanalytische Forschung geht heute davon aus, dass sich Resilienz nicht allein aufgrund innerer Kräfte, sondern als individuell bereitliegendes Potenzial »in zuverlässigen, emotional intensiven und ›mentalisierenden‹ Beziehungserfahrungen« entwickelt (Leuzinger-Bohleber 2009, S. 31).

Geschwisterbeziehungen werden in dieser neuen Sicht zu einem Forschungsschwerpunkt. Der perspektivische Wechsel weg von den Entstehungsbedingungen für Krankheit hin zur Frage nach Ressourcen und protektiven Bedingungen der Persönlichkeitsentwicklung spricht dem horizontalen Beziehungsfeld zwischen Geschwistern eine zentrale Bedeutung zu (Dunn 2007; McGuire/Shanahan 2010; Kramer 2010; Conger/Little 2010). Zwischen Geschwistern als untereinander Ähnlichen entwickelt sich Intimität, emotionale und soziale Kompetenz. Geschwisterbeziehungen sind (bei »protektiven« Eltern) verlässlich und über die Kindheit hin stabil. Familiäre Belastungen wie der Tod eines Familienmitglieds können die geschwisterliche Intimität verstärken, wenn bereits vorher eine gute Beziehung bestand. Das Aufwachsen mit Geschwistern kann *die* »gute« Beziehungserfahrung sein, die für den Aufbau von Resilienz entscheidend ist.

## Geschwister im Familiensystem

Die »traditionelle« Kleinfamilie – gemeint sind meistens ein Vater und eine Mutter, miteinander verheiratet, und zwei bis drei Kinder – wird oft nostalgisch verklärt. Unstrittig nimmt die Vielfalt oder Pluralität familiärer Lebensformen zu, es geht aber nach wie vor um ein mehrgenerationales Zusammenleben in intimen Beziehungen namens »Familie«. Viele Jugendliche und junge Erwachsene glauben, dass sich Beruf, Familie und Freizeit immer schwerer miteinander vereinbaren lassen (Reich 2005).

Den wachsenden Anforderungen in Gesellschaft und Berufsleben steht die Sehnsucht nach einem idealen Familienleben gegenüber, das alle Anspannungen ausgleichen soll. Dieses »gesteigerte Familiengefühl« muss die Familie überfordern.

In Deutschland wird heute mehr als jede dritte Ehe geschieden, Fortsetzungsfamilien gibt es rund 900.000. Intimität wird auch *multilokal* gelebt: Darunter fallen Familien, in denen die Eltern nicht mehr zusammenleben, Familien, in denen die Eltern berufsbedingt keinen gemeinsamen Haushalt führen, oder Eltern, die zwar miteinander Kinder haben, aber nie geplant hatten, miteinander zu leben. Sie bleiben in der amtlichen Statistik unberücksichtigt, dort zählen als »Familie« ausschließlich Lebensformen mit einem Zusammenleben in einem gemeinsamen Haushalt.

In anderen Kulturen gibt es traditionell familienartige Lebensgemeinschaften ohne gemeinsamen Haushalt. So lebt bei den Akanvölkern im Westen Afrikas ein Drittel der Menschen in »Familien«, die zusammengefasst sind als diejenigen, für die eine Frau kocht. Hier ist Familie definiert als *ein Herd* (Parin 1996). Eltern in kinderreichen Familien haben im deutschsprachigen Raum überdurchschnittlich häufig keinen Schulabschluss, aber auch überdurchschnittlich häufig Abitur! Jede vierte Familie in Deutschland hat heute einen Migrationshintergrund und diese Familien sind überdurchschnittlich kinderreich (16 Prozent dieser Familien haben drei oder mehr Kinder; vgl. Pfahl et al. 2009). Insgesamt leben immer noch 86 Prozent der minderjährigen Kinder mit beiden leiblichen Eltern zusammen, von denen 90 Prozent verheiratet sind (Reich 2005, S. 782).

Wie viele Kinder wachsen mit Geschwistern auf? Der Mikrozensus hält Fallen bereit: Er gibt nur an, wie viele Kinder aktuell in einer Familie leben; bereits ausgezogene Geschwister oder später in die Familie kommende werden nicht mitgezählt. Dann werden als »Kinder« auch die erwachsenen Kinder gezählt, sofern sie noch im Haushalt leben (in Deutschland leben 21 Millionen Kinder in Familien, davon sind 7 Millionen über 18 Jahre alt). Es ergibt sich, dass rund 75–80 Prozent der minderjährigen Kinder in Deutschland mit mindestens einer Schwester oder einem Bruder aufwachsen, also nur 20–25 Prozent als Einzelkinder.

Gleichzeitig wächst die Aussicht auf »Geschwister auf Zeit«: Durch Trennung der Eltern, neue Partnerschaften und erneute Veränderungen in rascher Folge werden mehr Kinder zeitweise mit »neuen« Geschwistern zusammenleben.

## Was sind »Geschwister«?

Bruder, Schwester, Geschwister: Viele europäische Sprachen kennen kein Wort für »Geschwister«. Im Französischen heißt es »frères et sœurs« für »Geschwister«; »fraternel« kann »geschwisterlich«, »brüderlich« und »schwesterlich« bedeuten. Neben leiblichen Geschwistern (gleiche Eltern) gibt es Halbgeschwister (gleiche Mutter oder gleicher Vater), Stiefgeschwister (nicht blutsverwandt), Adoptivgeschwister, Pflegegeschwister sowie zahlreiche – namenlose – Konfigurationen in Fortsetzungs- oder Patchworkfamilien. Die meisten Kinder wachsen in Deutschland nicht mehr mit vielen Geschwistern verschiedenen Alters, sondern mit wenigen Geschwistern (meist einem) auf, die nur wenig älter oder jünger sind als sie selbst – ein weiteres Argument dafür, die Geschwisterbeziehung als eine *horizontal*e zu begreifen.

Wie entsteht Geschwisterschaft? Gegenüber der *genetisch-biologischen* Definition ist die *institutionell-soziale* in den meisten nichtwestlichen Gesellschaften wichtiger. Angehörige des westafrikanischen Volkes der Dogon meinen einen Angehörigen der gleichen Generation, wenn sie von Brüdern sprechen (Parin 1996). In einer traditionell lebenden Volksgruppe im Norden Namibias ist entscheidend, ob Kinder zusammen aufwachsen: Biologische Geschwister haben eine oberflächliche Beziehung (und heißen »die, die nicht gemeinsam groß werden«) oder eine intensive Beziehung (»die, die gemeinsam groß werden«). Entsprechend heißen in Indonesien leibliche Geschwister »Saudara Kandung«, gemeinsam aufwachsende, nicht leiblich verwandte Kinder »Saudara Tiri«. Nichtbiologisch Verwandte können also »Geschwister« werden, wenn sie zusammen aufwachsen und »wie Geschwister« ihre Lebenserfahrungen teilen.

Viele Gesellschaften kennen Abstufungen des Geschwisterbegriffs. Dieser kann die jeweilige Geschwisterposition mitenthalten (»mein jüngerer Bruder«, »deine nach dir geborene Schwester«) oder die Beziehung zum Geschwister wird je nach sozialem Kontext unterschiedlich benannt: Zum Beispiel bezeichnet sich die Schwester eines männlichen Stammesangehörigen der afrikanischen Fanti nur im Zusammensein mit weiblichen Stammesangehörigen als »Schwester«, in anderen Situationen als »Geschwister« (Kasten 1993a, S. 8).

In vielen asiatischen und afrikanischen Gesellschaften werden heute infolge von Kriegen und Naturkatastrophen verwaiste Kinder in bestehende Familien aufgenommen, auch auf diesem Weg entsteht faktische Geschwisterschaft.

Insgesamt nehmen die Geschwister in vielen Gesellschaften im Familiengefüge einen wichtigeren Rang ein als die Eltern.

Die Vielfalt der Geschwisterkonfigurationen in unserer eigenen Gesellschaft und die interkulturelle Variabilität fordern uns auf, darüber nachzudenken, was Geschwister im Einzelfall definiert. Es scheint mir wichtig, dabei auf das *Erleben* zu achten und auf *gemeinsame Erfahrungen*. Für eine Frau, die zu mir in Therapie kam und in einem SOS-Kinderdorf aufgewachsen war, blieben die Kinder aus ihrer Familiengruppe Geschwister – »die, mit denen man zusammenlebt« –, nicht aber der leibliche Halbbruder, den sie erst später kennenlernte. Wir sollten uns dafür interessieren, wie sich Kinder in Pflege-, Adoptiv-, Fortsetzungsfamilien oder in multilokal lebenden Gemeinschaften *erleben*. Damit deutet sich schon an, dass wir therapeutisch oft den Blick weiten müssen für andere Erfahrungen von »Geschwisterlichkeit«.

## Patchwork- oder Fortsetzungsfamilien

»Bei meiner Mutter bin ich halt Einzelkind, bei meinem Vater bin ich Familie, da habe ich Geschwister!« (Hubert 2010/4) Weniger als die Hälfte der Kinder erleben heute das 18. Lebensjahr in derselben Familie. In ihren neuen Familien werden sie wie in einem *Patchwork*, einem bunten Flickenteppich, mit »falschen« und mit »richtigen« Geschwistern, mit zweiten Vätern und Müttern zusammengewürfelt. Der Begriff *Fortsetzungsfamilie* betont mehr den Prozess der familiären Rekomposition und meint den Abschied von der bisherigen Kernfamilie, den Start in der neuen Familie und deren Zusammenwachsen. Die Fortsetzungsfamilie ist kein neues Phänomen, als Mischform von Groß- und Patchworkfamilie ist sie eher ein alter Hut: Solange Mütter häufig während der Geburt starben (noch im 19. Jahrhundert nicht selten), bekamen die meisten Kinder Stiefmütter und Stiefgeschwister.

Anfangs erleben die Erwachsenen die neue Familie als Puzzle, wollen aber rasch eine »ganz normale« Familie sein. Dabei wirken nicht vollzogene Abschiede und die Kränkung über einen zerbrochenen Familienmythos zusammen. Eltern sind dann versucht, die Vereinheitlichung zu verordnen. So lebt der siebenjährige Sven bei seinem Vater, und der verbietet ihm, das neue Kind seiner Mutter (mit deren neuem Partner) »Bruder« zu nennen, denn – so der Vater – »er ist nicht aus der gleichen Familie«. Und Sven antwortet: »Es ist meine Mutter, die dieses Kind bekommen hat, also sage ich, es ist mein Bruder« (vgl. Hurstel/Carré 1998, S. 234).

Dazu kommt das häufige Sticheln von Nachbarn und Schulkameraden: »Das ist ja gar nicht deine richtige Schwester.« Weil Patchworkfamilien in ihrer Häufigkeit zunehmen, sehen sich allerdings Kinder und Jugendliche heute weniger als Außenseiter. »Bei mir war es eigentlich nie so, weil ich bin in einer Generation, wo eigentlich viele Familien getrennt sind, viele erleben […], dass man getrennte Eltern hat und vielleicht auch Geschwister hat« (Hubert 2010/4).

Jeder »Flicken«, jedes Kind und jeder Jugendliche hat eine andere Sicht des Flickenteppichs, und das ist für uns Psychotherapeuten der springende Punkt: Jede einzelne Sicht sollte zur Geltung kommen! Ein zweiter Punkt ist die Unterstützung der Erwachsenen beim Trauer- und Versöhnungsprozess (vgl. Ley 2005).

Anfangs orientiert sich ein Kind in seiner Positionierung der neuen Geschwister in der Familie stärker an seiner Beziehung zu Vater und Mutter. Nicola zum Beispiel sagt von sich: »Ich bin die Fünfte« und »hält« damit zum Vater, denn sie ist die Fünfte bezogen auf die Kinder ihres Vaters, nicht bezogen auf ihre biologischen Geschwister und nicht bezogen auf die neue familiäre Zusammensetzung bei ihrer Mutter (Hurstel/Carré 1998). Später horizontalisiert sich die Perspektive auf die Geschwister, und das hat mit den *gemeinsamen Erfahrungen* zu tun. Da erlebt beispielsweise ein Kind in der neuen Familie die Schwangerschaft seiner Mutter oder Stiefmutter und die Geburt eines Halbgeschwisters mit: Die siebenjährige Lilith rief jeden Abend vor dem Schlafengehen an, wie es geht, und dann war es so weit: »Jetzt ist meine kleine Schwester da« (Hubert 2010/4).

Es kommt also ganz darauf an, Kindern und Jugendlichen zuzutrauen, dass sie ungehindert ihre gemeinsamen Erfahrungen machen können. Dann entwickeln und gestalten sie ihre Geschwisterschaft eigenständig und kreativ. Manchmal kann Psychotherapie die *Eltern* darin stärken, den Geschwistern ihren eigenen Raum zuzugestehen, oder die *Geschwister* dabei unterstützen, sich zusammenzuraufen. Meine Erfahrung mit *Familiensitzungen* zeigt, wie befreiend es auf alle wirkt, wenn jeder und jede Einzelne die eigene Sicht auf den Flickenteppich überhaupt einmal äußern kann und die anderen dies zulassen und aufnehmen. Es ist eine wohltuende Erfahrung, auch für Therapeuten, wie sich das Familienfeld weitet und diese Szene des wechselseitigen Zulassens jeder einzelnen Meinung zu einem gemeinsamen Modell für Integration wird.

Methodisch hat sich hier bewährt, mit dem Genogramm oder mit der Familienskulptur zu arbeiten (für darin geübte Therapeuten), wenn dabei alle einzelnen Versionen zu Wort kommen. *Geschwistersitzungen* können zu der Erfahrung verhelfen, dass keiner etwas verliert oder gar untergeht, wenn der Bruder seine größere Nähe zum Vater darlegt, die Schwestern ihre zur Mutter (Ley 2005). Auch hier geht es wieder um den geschwisterlichen Prozess, darum, Unterschiede gelten zu lassen und schließlich Bruder und Schwester mit diesen anderen Sichtweisen zu akzeptieren, wechselseitig.

Geschwisterschaft lässt sich nicht vertikal verordnen. In Fortsetzungsfamilien (und analog in *Adoptionsfamilien*; Sohni 2004) brauchen die Kinder ihren eigenen Spielraum, dann setzen sie über gemeinsame Erfahrungen selbst eine Geschwisterbeziehung in Gang. Wir treffen hier auf den gleichen Prozess, der in der namibischen Volksgruppe aus Mädchen mit gemeinsamen Lebenserfahrungen Schwestern werden lässt (siehe oben). Die Erfahrungen sprechen dafür, Zutrauen zu fassen zu dieser beziehungsstiftenden Kraft. Wenn man sie lässt, gehen Kinder und Jugendliche neugierig und konstruktiv aufeinander zu, handeln Konflikte miteinander aus und sehen im Kontakt kein Risiko, sondern eine Chance. Eine neu entstehende Geschwistergruppe akzeptiert die Lebensform der Fortsetzungsfamilie besser als die Erwachsenengruppe. Wenn die Eltern *ihren* Teil der Integrationsarbeit leisten, dann kann die Geschwistergruppe zum Pilotprojekt, zur Ressource für die Familie werden.

## Trennung von Geschwistern

Eine Pflegemutter erzählt: »Zwei ›Zurückgebliebene‹ leben seit drei Jahren bei mir, Bruder und Schwester. Als sie in Pflege kamen, war Bianca zwei Jahre und Björn sechs Monate alt. Die leiblichen Eltern hatten die beiden häufig allein in der Wohnung zurückgelassen. Auf sich allein gestellt, hatte Bianca, soweit es ihr möglich war, die Mutterrolle für Björn übernommen. Die erste Zeit bei uns war stark dadurch geprägt. Nachts fand sie keinen festen Schlaf, aus Sorge, sie könnte den kleinen Bruder überhören.« Selbstständig wechselte Bianca die Windeln und konnte ihre übergroße Sorge nur schwer der Pflegemutter überlassen. Bianca bekam einen Kindergartenplatz, die vierstündige Trennung tat beiden gut. »Bianca wurde von Tag zu Tag freier. Sie lernte loszulassen von den Dingen, die sie in so kurzer Zeit so sehr geprägt hatten.« Inzwischen geht auch Björn in den Kindergarten, »das Verhältnis zwischen den beiden stimmt nun. Sie zanken und streiten miteinander, aber es verbindet sie eine innige Zuneigung. Wie eben Bruder und Schwester. – Meiner Ansicht nach hat niemand das Recht, Geschwister zu trennen, wenn es sich irgendwie verhindern lässt« (*Blickpunkt Pflegekinder* 1997, S. 10).

Wenn mehrere Geschwister von den Eltern getrennt und in einer Pflege- oder Adoptivfamilie oder einer Institution »fremdplatziert« werden müssen, stellt sich die Frage: Gemeinsam oder getrennt vermitteln? Durch ihre bisherigen Erfahrungen ist ihre Geschwisterbeziehung häufig gestört, wie im Beispiel oben als schwere Parentifizierung der Schwester, andere bilden eine

Zwangskoalition und stemmen sich gegen den Rest der Welt. In der neuen Umgebung erwarten diese Geschwister die Fortsetzung des ihnen vertrauten Familienlebens und halten zunächst an ihren Rollen fest. So argumentieren Befürworter einer Trennung der Geschwister denn auch mit einer Überforderung der Pflegeeltern, die gegen diese alten Rollenmuster keine Chance zum Aufbau neuer Eltern-Kind-Beziehungen hätten.

Für ein Zusammenbleiben der Geschwister spricht, dass sie ja bereits eine Trennung von ihren Eltern »verkraften« müssen. Erneute Trennung würde bestätigen: »Zusammen geht es nicht.« Gab es vorher eine Ausstoßungsdynamik, würde sich bestätigen: »Auseinandersetzungen sind vermeidbar, Gegner kann man ausschalten.« Die Erfahrungen zeigen wie im Beispiel oben, dass sich gestörte Geschwisterbeziehungen durchaus »normalisieren« und sich die alten Rollenmuster auflösen können. Eine Teil-Familienidentität bleibt erhalten und schützt die Kinder vor Entwurzelung. Das kann natürlich nur gelingen, wenn die Pflegeeltern fachgerecht und intensiv unterstützt werden.

Mit dem wachsenden Bewusstsein für das enorme geschwisterliche Entwicklungspotenzial lautet die Frage heute: Welche Bedingungen erlauben Pflegefamilien, der Aufgabe gemeinsamer Geschwisterbetreuung gerecht zu werden (Bindel-Kögel 2009)? Gemeinsam oder getrennt? In der Antwort begegnet uns eindrücklich wieder der Grundsatz: Es sind geeignete Bedingungen zu schaffen, damit gesunde Geschwisterbeziehungen möglich werden, *erst recht*, wenn es um Kinder mit gestörten Familienbeziehungen geht. Der gleiche Grundsatz gilt in Familien mit Geschwistern chronisch kranker und behinderter Kinder (Seiffge-Krenke 2000; Winkelheide 2009).

## Einzelkinder

Rund jedes fünfte Kind wächst in Deutschland als Einzelkind auf. Vorurteile gegenüber Einzelkindern halten sich hartnäckig: Sie seien egoistisch, verwöhnt, dominant oder in sich zurückgezogen. Geschwisterkinder beneiden in ihrer Vorstellung Einzelkinder um ihren größeren Freiraum, sie bräuchten weder materielle Dinge noch die Zeit und Zuwendung der Eltern mit anderen zu teilen und hätten es nicht nötig, um Rechte und Ansprüche zu kämpfen und miteinander zu streiten. Aus der Sicht von Einzelkindern haben Geschwisterkinder breitere soziale Erfahrungen, langweilen sich seltener, dafür seien sie materiell schlechter gestellt und ihre Eltern hätten für jedes einzelne Geschwister zu wenig Zeit.

Wissenschaftlich lassen sich typische Charaktereigenschaften von Einzelkindern nicht belegen. Einzelkinder wachsen weitgehend unter den gleichen Bedingungen auf wie Geschwisterkinder. Dann gibt es Einzelkriterien wie das Aufwachsen mit einem alleinerziehenden Elternteil oder die Berufstätigkeit beider Eltern, die sich für Kinder mit oder ohne Geschwister gleich auswirken. Es ist daher keine wissenschaftlich zulässige Haltung, Einzelkinder und Geschwisterkinder jeweils in »einen Topf« zu werfen und einander gegenüberzustellen. Entscheidend ist, dass Einzelkinder sozial ebenso kompetent sind wie Geschwisterkinder (soweit das mit der Methodik empirischer Untersuchungen erfassbar ist), wenn sie von klein auf mit Freunden und Spielkameraden täglich vertrauten Kontakt und ein soziales Übungsfeld haben.

Macht es also keinen Unterschied, ob man als Einzelkind oder als Geschwisterkind aufwächst? Setzen wir einmal anders an: Einzelkind ist nicht gleich Einzelkind! Die Eltern können auf ihr einziges Kind sehr unterschiedliche narzisstische Projektionen richten. Soll dieses Kind alles erfüllen, was sich die Eltern als Kind wünschten und nicht hatten? Soll es für die Eltern die ideale Familie verwirklichen und so hohe individuelle und kollektive Erwartungen erfüllen? Steht es im Mittelpunkt der Erwachsenenwelt der Eltern oder ist es deren Ziel, ihrem Kind möglichst breite soziale Erfahrungen mit Gleichaltrigen zu ermöglichen?

Prophecy Coles (2003) meint, die Textur der inneren Welt sei bei Geschwisterkindern bunter, von mehr Lärm erfüllt als bei Einzelkindern, und deren Träume seien mit weniger Akteuren belebt.

Als Einzelkinder aufgewachsene Patientinnen und Patienten können in einer Psychotherapie oder Psychoanalyse eine besondere Bereitschaft zeigen, zum Therapeuten als ersehntem Geschwister eine Geschwisterübertragung zu entwickeln – darauf ist zu achten.

Ist es für ein Einzelkind ebenso selbstverständlich wie für Geschwisterkinder, einer unter vielen zu sein? Auch Geschwisterkinder sind strukturell keine homogene Gruppe: Das letztgeborene Kind erlebt keine Entthronung durch ein nachfolgendes und das als vorletztes geborene erlebt keine Entthronung des letzten mit. Ist die Rivalitätserfahrung aus dem Kindergarten vergleichbar mit dem Rivalisieren zwischen Geschwistern?

Ich denke, dass Geschwister wie Einzelkinder ein unbegrenztes Erfahrungsspektrum vorfinden, in dem jedes einzelne Kind seine Umwelt anders erlebt und seine psychisch prägenden Erfahrungen individuell macht. Die Eltern von Einzelkindern sind verantwortlich für ein Umfeld, in dem psychosoziale Kompetenz entstehen kann. Darüber hinaus unterscheidet sich das Panorama psychischen Erlebens eines Menschen in seiner ganzen Farbigkeit von dem eines anderen so stark, dass davor allgemeinstrukturelle Unterschiede zwischen Einzelkind und Geschwisterkind verblassen.

## Geschwister im Kontext Familie

Ein Kind nimmt Beziehungen zu verschiedenen Bezugspersonen (zu Mutter, Vater, Geschwistern, Gleichaltrigen, Großeltern etc.) auf, und dies in unterschiedlichen Beziehungsmustern (dyadisch, triadisch, integrativ auf die Familie hin). Es erfährt die Beziehungen dieser Personen untereinander und gestaltet aktiv die interfamiliären Beziehungen und die Struktur »Familie« mit. Dabei kommt es zu komplexen Wechselwirkungen zwischen den einzelnen Ebenen (Sohni 1998).

Die Familientheorie spricht von *kontextueller Entwicklung* und profitiert von der *Systemtheorie*: Gregory Bateson hat Beziehung (funktional verstanden, nicht als psychischen Prozess) als Produkt einer »doppelten Beschreibung« definiert. Unter Verwendung der Analogie zum binokulären Sehen schlug er vor, sich die beiden an einer Interaktion beteiligten Parteien als zwei Augen vorzustellen, die jeweils eine monokuläre Sicht des Vorgangs gewähren, zusammen aber eine binokuläre Sicht hervorbringen, die erst »Tiefenschärfe« beim Sehen ermöglicht (Bateson 1979).

Ich möchte es etwas anders formulieren: Eine Person kann sich in ihren unterschiedlichen Beziehungen ganz verschieden beschreiben: ›So bin ich im Verhältnis zu meinem Bruder, zu meiner Schwester, zu meiner Mutter, zu meinem Vater‹ (= dyadisch); ›So bin ich im Verhältnis zu meinen Geschwistern‹ etc. (= triadisch); ›So bin ich im Verhältnis zur ganzen Familie‹ und ›So sind wir als Familie‹ (= integrativ); ›So sind meine Geschwister im Verhältnis zu meiner Mutter‹ etc. (= die anderen zueinander); ›So ist die Familie im Verhältnis zu mir‹ (= reziprok); ›So war ich früher im Verhältnis zur Familie, so bin ich jetzt‹ (= spiralig). Das mag einen Eindruck von der Vielfalt gleichzeitig stattfindender Prozesse vermitteln.

Die strukturellen Möglichkeiten eines Kindes sind *von vornherein* so vielfältig. Seine affektiv-kognitive Organisation ändert sich dabei mit dem Entwicklungsalter. Ich greife zu deren Beschreibung auf die psychoanalytische Entwicklungstheorie von Daniel Stern (1992) zurück. Die oben skizzierten Beziehungserfahrungen verdichten sich durch Wiederholungen zu sogenannten generalisierten Episoden und über deren Verinnerlichung entstehen *Repräsentanzen generalisierter Episoden* (RIGs). Sie bezeichnen zugleich eine intrapsychische Struktur, die Repräsentanz eines interpersonalen Gebildes, ein spezifisches affektives Muster und ein implizites Beziehungswissen, das heißt, sie enthalten eine psychosoziale Handlungsbereitschaft und wirken im ganzen weiteren Leben beziehungsgestaltend (Sohni 1998).

## Das zweite Kind – die geschwisterliche Urszene

Welche Veränderungen in der Familie treten ein, wenn ein zweites Kind dazukommt, wenn also Geschwister »entstehen« und die Familienbühne betreten? Schauen wir uns den Ablauf zunächst familientheoretisch an. In einer Familie mit *einem* Kind entwirft dieses ständig integrative Muster des Familienganzen, eine Familienrepräsentanz: ›Wir haben's gut zusammen‹ oder ›Misserfolg bringt uns zusammen‹ oder ›Einsamkeit verbindet uns‹.

In Erwartung eines zweiten Kindes, also eines ersten Geschwisters, entstehen in dieser Familie Repräsentanzen *ima-*

*ginärer Tetraden.* Für die Eltern mag die imaginäre Tetrade heißen: ›So wird es sein mit zwei Kindern.‹ Die imaginäre Tetrade des ersten Kindes mag heißen: ›So wird es in der Familie sein mit einem Geschwister‹ (Bruder oder Schwester?).

Die *reale* Geschwistererfahrung mag dann zu folgenden Repräsentanzen führen: ›Wir vier haben's gut miteinander‹, ›Wir vier haben's nicht gut miteinander‹, ›Ihr drei habt's gut miteinander‹ (aus der Sicht des Vaters, der Mutter oder des ersten Kindes) oder ›Wir zwei haben's gut miteinander‹. Die Generationsgrenze etabliert sich gleichzeitig über unterschiedliche Wahrnehmungen auf vertikaler und auf horizontaler Ebene: ›So ist es gegenüber Eltern – und so ist es mit Geschwistern.‹

Mit Donald W. Winnicott lässt sich sagen: Die Integration der Familie beruht auf der integrierenden Tendenz jedes einzelnen Kindes. »Es trifft zwar zu, dass Eltern die Familie ins Leben rufen, aber sie brauchen dazu von jedem Säugling und Kind etwas, was ich die Schöpfung des einzelnen Kindes nenne« (Winnicott 1992, S. 77).

Das erste Kind zwingt das Paar zur Elternschaft, das zweite Kind »schafft« Geschwister und krempelt die Familienstruktur von der *Dreisamkeit* zur *Viersamkeit* gründlich um. Das erstgeborene Kind lebte bisher mit seinen Eltern in einer triadischen Konfiguration und erlebt nun mit der Geburt seines Geschwisters (bzw. schon vorher während der Schwangerschaft) die Veränderung zu einer tetradischen Konfiguration: ›So war es, zu dritt zu sein – und so ist es jetzt, zu viert zu sein.‹ Das zweitgeborene Geschwister erlebt dagegen von Anfang an eine tetradische Konfiguration: ›So ist es, zu viert zu sein.‹

Die Beziehungstriade erweist sich so als Unterform der Polyade. Die Triade bleibt eine wichtige Hauptkonfiguration, aber nicht als Krönung der Entwicklung. Unser Verständnis psychischer Entwicklung endet nicht mit der *Dreisamkeit*, sondern setzt sich mit dem Auftauchen von Geschwistern über die *Viersamkeit* zur *Vielsamkeit* fort. Wenn wir sagen, ein Kind erwirbt das Konzept »Familie«, so sehen wir ein Kind als Individuum vor uns. *Jede*s Familienmitglied hat aber ein Konzept »Familie«, und es kommt zu einem kollektiv-integrativen Prozess im Zusammenwirken der Familienkonzepte jedes Einzelnen. Hier wirkt auch die Geschwisterdynamik mit. Und die Konzepte der einzelnen Familienmitglieder sind nicht identisch: »Für die fünf Kinder einer Familie gibt es fünf Familien« (Winnicott 1990, S. 146).

Die Familienrepräsentanz (Cierpka 1992) stellt auch ein Beziehungswissen dar, sie impliziert eine *psychosoziale Handlungsbereitschaft* im späteren Leben und umfasst Vorstellungen über Geschwisterlichkeit, Partnerschaft, Elternschaft, Kinderwunsch, eigene Familie und Eingliederung in Gruppen. Aus den Beziehungserfahrungen mit den Eltern entsteht vielleicht die Vorstellung: ›So werde ich mit meinen eigenen Kindern sein.‹ Das in den Erfahrungen mit den Geschwistern erworbene Beziehungswissen betrifft die spätere Gestaltung der horizontalen Beziehungen in der Familie (besonders der Partnerschaft), am Arbeitsplatz, in Freundschaften, in Gruppen und in der Gesellschaft.

Was geschieht bei der Geburt eines jüngeren Geschwisters? Ich nenne diesen Vorgang die »geschwisterliche Urszene«. Ich habe sie zuerst *familientheoretisch* betrachtet (empirische Untersuchungen dazu siehe Seiffge-Krenke 2009, S. 168f.) und schaue sie jetzt *psychodynamisch* an.

## Psychodynamik der frühen Jahre

Bezüglich der Psychodynamik kleiner Kinder bei der Geburt eines Geschwisters gehen die Ansichten weit auseinander. Alfred Adlers (1927) These von der »Entthronung« fasst die Geburt eines jüngeren Geschwisters als *Trauma* und *Ursache* für die Geschwisterrivalität des Erstgeborenen auf: ›Das jüngere hat meinen Platz bei der Mutter eingenommen! Ich empfinde das neue Geschwister als unerwünschten Eindringling!‹ Diese Sicht hielt sich bis in die 1980er Jahre und findet auch heute noch Befürworter. So avancierte sie zu einer Grundannahme über Geschwisterbeziehungen. Demnach entsteht Geschwisterrivalität strukturell mit der Geburt eines Geschwisters und führt beim älteren zur Ablehnung und zu dem Wunsch, das jüngere zu beseitigen und zu vernichten.

Was aber geschieht psychodynamisch? Dazu zwei Meinungen:

In der *ersten Version* gehe ich (orientiert an Mitchell 2003) von einem Kind aus, das bei der Geburt des Geschwisters im Krabbelalter ist. Das neugeborene Geschwister bedroht die Einzigartigkeit des älteren. Das Krabbelkind freut sich auf das neue Baby als Wiederholung seiner selbst. Wenn es da ist, erlebt das ältere Kind gleichzeitig die Ekstase der Liebe zu jemandem, der so ist wie man selbst, und die Bedrohung, vernichtet zu werden von jemandem, der den eigenen Platz einnimmt. Man kann fast gleichzeitig den Wechsel dieser Gefühle im Gesicht des Kindes beobachten, das den Säugling »in Stücke liebt«. Die Angst heißt: Das Selbst ist im anderen da und einem selbst zugleich verloren gegangen.

Diese Ambivalenz wird Bestandteil der Transformation: Liebe und Hass werden gleichzeitig erfahren, doch dieses Gefühl ist auf Dauer unlebbar, wenngleich jedes ältere Geschwister diese Erfahrung durchläuft. In vielen Anläufen muss dieser Zustand überwunden werden.

Die Lösung ist gefunden mit der Anerkennung der »Serie«: Es gibt viele (ein, zwei, drei, vier Geschwister, Spielkameraden, Schulfreunde) und es gibt Platz für dich *und* für mich. Das ersehnte und gefürchtete Baby wird dann vom älteren Kind angesehen als ›Baby derselben Mutter‹. Es ist gleich, aber es ist auch anders: Vielleicht kommt ein Mädchen zu einem Jungen oder das Jüngere ist von hellerer Haut- und Haarfarbe etc. Das Ältere versteht die Serialität, es realisiert, dass das Geschwister keine Replik ist, kein Klon, sondern sowohl gleich als auch anders. Es erkennt zudem gleichzeitig, dass es selbst ›wie alle‹ ist (nicht einmalig). So baut es nach und nach das eigene Selbst neu auf und findet sich wieder als *soziales Wesen*!

In der *zweiten Version* beschreibe ich (orientiert an Dolto 1988) den Vorgang aus der Perspektive eines bei der Geburt des Geschwisters rund zwanzig Monate alten Kindes. Françoise Dolto beobachtete und interpretierte den Prozess anlässlich der Geburt ihres zweiten und erneut bei der Geburt ihres dritten Kindes.

Bis zur Geburt eines jüngeren Geschwisters konnte sich das ältere Kind unproblematisch mit der Mutter identifizieren, das heißt, diese Identifikation bot keinen Konflikt für seine Entwicklungsfortschritte. Es war für das Kind schon immer ein Vergnügen, sich mit allen Menschen seiner Umgebung zu identifizieren. Und jetzt – welche Überraschung – erweist sich dieses Spiel als gefährlich: Taucht jetzt ein jüngeres Kind auf, nimmt das ältere positiven Kontakt mit ihm auf und identifiziert sich mit ihm (im Sinn eines Versuchs, am Jüngeren zu partizipieren). Mit der Identifikation entsteht aber jetzt die Gefahr einer Involution: Das Baby ist in einem Stadium, das das Ältere stolz schon hinter sich gelassen hat – die Gefahr stellt sich hier beim älteren Kind über die Wahrnehmung einer *Differenz* ein (in der ersten Version oben nahm ein jüngeres Kind sein neugeborenes Geschwister als *Kopie* seiner selbst wahr).

Der involutive Sog löst eine Gegenwehr aus: Das ältere Geschwister versucht zum Beispiel das Baby zu ignorieren (schaut es nicht an) oder verteidigt sich aggressiv. Es lehnt dabei nicht das Baby, sondern den Träger der Involution ab. Das Kind identifiziert sich gleichzeitig mit der Mutter: Das aufblitzende Vergnügen in seinem Gesicht, wenn es sich mit den Erwachsenen und *ihrem* Interesse für das Baby identifizieren kann, beweist deutlich, dass nicht die Vorstellung von einem Baby als solche verhängnisvoll ist, sondern die direkte, visuelle, auditive und taktile Wahrnehmung seiner körperlichen Realität – die Vermischung des realen Bildes vom Baby (das vieles nicht tun kann) mit dem unbewussten Körperselbstbild des älteren Kindes (das all dieses Tun beherrscht).

So kommt es zu einer heftigen involutiven Regression (babyhafte Stimme, einkoten etc.). Wenn sich das Kind in dieser Phase wehrt, verhält es sich gesund! Und das Kind braucht an dieser Stelle (wie während des gesamten Prozesses) das Verständnis der Erwachsenen. Die Lösung des heftigen Konflikts ist die gleiche wie beim jüngeren Kind in der ersten Version: die Entdeckung des *Relativen* – das Kind erwirbt die Vorstellung des *anderen*. Die aggressive Ablehnung des anderen verschwindet, weil die Verteidigung der Integrität des Körperbilds nicht mehr nötig ist. Das Kind kann sich jetzt auf neue Art mit den Erwachsenen und mit dem Baby identifizieren: ›Ich kann so sein, das Baby kann anders sein, wir können uns beide lieben und werden beide geliebt, so wie wir sind.‹

Ist diese neue Sicht einmal erreicht, bleibt sie stabil, die Ambivalenz muss (auf diese Situation bezogen) nicht immer wieder neu überwunden werden. Regressive Symptome verschwinden oft von heute auf morgen, und es folgen eindrückliche Entwicklungsschübe, zum Beispiel sprunghaft wachsender Wortschatz und der plötzlich vorhandene Sinn für »gestern«, »morgen«, also für Vergangenheit und Zukunft in Vorstellungs- und Sprachvermögen.

Die geschwisterliche Erfahrung des aggressiven Rivalisierens anlässlich der Geburt eines jüngeren Geschwisters hat eine strukturierende Dimension. Sie ermöglicht es, diese Herausforderung in Beziehungen »früh zu durchleben und zu bewältigen, so daß man von dem Bedürfnis nach Absolutheit in den sozialen Beziehungen befreit ist« (Dolto 1988, S. 157). Das Kind findet sich wieder als soziales Wesen: Zwei oder mehr Menschen erfahren sich und akzeptieren sich als unterschiedlich und können in ihrer Eigenart miteinander in Beziehung sein, ohne um den eigenen Platz fürchten und ohne den anderen von seinem Platz verdrängen zu müssen.

Das Rivalisieren wird damit nicht ein für alle Mal überflüssig. Konflikte in einer nächsten und einer übernächsten Runde müssen erneut ausgefochten und gelöst werden – darin liegt ja die Chance geschwisterlichen Zusammenlebens. Nur ist dafür jetzt eine Basis da, die gerade für starke Auseinandersetzungen Sicherheit bietet.

## Familienrepräsentanz und »soziale Geburt«

Jetzt lassen sich die familientheoretische und die psychodynamische Erörterung zusammenführen. Identität entsteht aus einer vertikalen Erfahrung (»Lösung des Ödipuskomplexes«) und einer horizontalen Erfahrung (»Lösung des Geschwisterkomplexes«). Die vertikale Erfahrung drückt sich etwa so aus: ›Ich bin ein Kind von Eltern, die auch Mann und Frau sind und die ich nicht aufspalten konnte.‹ Die horizontale Erfahrung klingt vielleicht so: ›Es gibt Platz für mich und für dich.‹

Ein solches Kind kann sich jetzt mit der Vorstellung einer als Einheit operierenden Familie identifizieren, es schafft sich ein inneres Konzept von Familie: die Familienrepräsentanz. Diese befähigt ein Kind, soziale Beziehungen in der Familie, dann im Kindergarten, in der Schule und in weiteren sozialen

Gruppen einzugehen – in einem Beziehungsfeld, das zugleich horizontal und vertikal bestimmt ist.

Was bleibt vom Trauma durch die Geburt eines jüngeren Geschwisters und vom Bild der Geschwisterrivalität als Vernichtungskampf? Nichts als ein widerlegter Mythos, den auch Beobachtungsstudien nie bestätigen konnten (Schütze 1986; Kreppner 1990). Die »geschwisterliche Urszene« ist vielmehr ein wesentlicher Entwicklungsschub (Graham 1988), durch den das ältere Kind in psychischer Schwerarbeit eine neue Sicht von der Welt und von sich selbst erreicht – unter der Bedingung hilfreicher Eltern und Erwachsener in seiner Umgebung.

Françoise Dolto bezeichnet aber auch die verletzliche Stelle: Die Psychiatrie zeige, »daß der ganze Vorgang zu einer echten Katastrophe werden kann, wenn die gesunden Reaktionen des Kindes, mit denen es sich ja an die Geburt des Jüngeren anpassen will, auf Angst, Tadel und Zurückweisung bei den Erwachsenen stoßen, von denen doch die notwendigerweise für eine bestimmte Zeit erschütterte Struktur abhängt« (Dolto 1988, S. 161). Wenn später beim älteren Kind Eifersucht in Form von Verzweiflung und Hass ausbricht (etwa wenn das jüngere Geschwister laufen oder sprechen lernt, in dieselbe Schule kommt oder bei den Gleichaltrigen mehr soziale Beachtung erfährt), dann ist die »soziale Geburt«, diese strukturierende Erfahrung in der Phase nach der Geburt des Jüngeren, missglückt.

Analog markiert Juliet Mitchell (2003) die vulnerable Stelle in ihrem Modell: Erkennt das Kind die »Serie« nicht an (und findet nicht zu der Erkenntnis: ›Es gibt Platz für dich und für mich‹), dann muss es den Wunsch, denjenigen zu zerstören, der für den Verlust des eigenen Platzes verantwortlich ist, endlos reinszenieren. Als »Tyrann auf dem Spielplatz« erlebt es im Schwächeren nicht die verletzliche Seite in sich selbst, sondern den Schwächeren als Bedrohung seiner selbst – und kämpft nach dem Muster »Stärker gegen Schwächer«, »Größer gegen Kleiner«, »Junge gegen Mädchen«, »Heller gegen Dunkler« und in Kriegen der Erwachsenen als Besiegen und Töten der Peers.

Können die Erwachsenen an der vulnerablen Stelle der Entwicklung nicht protektiv wirken, dann kann daraus eine bleibende Störung bis hin zu einem Desaster monströsen Ausmaßes entstehen. Es geht also »nur« um diese Hilfe, alle spätere zerstörerische Dynamik ist strukturell gesehen kein Grundzug von Geschwisterrivalität, sondern ein Zerrbild davon.

Dieser Verantwortung können die betroffenen Erwachsenen, insbesondere Eltern, oft schon deswegen nicht nachkommen, weil eigene unbewusste, ungelöste Geschwisterkonflikte vor der Geburt ihres zweiten Kindes aktualisiert werden. Leider gibt es dazu kaum Material, während der vertikale Aspekt, dass während der Schwangerschaft für eine Frau die Konflikte mit ihrer Mutter virulent werden, eine psychoanalytisch gängige Vorstellung ist. Ein Beispiel gibt Janice Abarbanel (1983):

> Ein Vater hat zu seiner Tochter ein warmes, enges und herzliches Verhältnis. Nach der Geburt seiner zweiten Tochter überträgt er diese Zuneigung sehr schnell auf diese, während er das erstgeborene Kind – jetzt die ältere Schwester – mit seiner eigenen, von ihm gehaßten älteren Schwester identifiziert. Diese unbewußte Zuschreibung induziert ein feindseliges Verhältnis zwischen den beiden kleinen Schwestern.

Ist dieser »Geschwisterkomplex« aufgelöst, wird die neue Identität des Älteren durch die Existenz des Jüngeren nicht mehr grundsätzlich erschüttert. Aber das Rivalisieren überhaupt ist damit nicht aus der Welt geschafft. Nehmen wir an, ein kleiner Junge hat selbst neben einem jüngeren noch einen älteren Bruder, dann liegt – sozusagen in die andere Richtung – noch einmal harte Identitätsarbeit vor ihm. Françoise Dolto (1988) hat sie bei ihrem zweiten Kind beobachtet.

> Als der kleine Grischa im Alter von zwei Jahren sein inzwischen fünf Monate altes Schwesterchen endgültig angenommen hat (nur ein leichtes Stottern ist geblieben), identifiziert er sich mit seinem knapp zwei Jahre älteren Bruder Jean: »*Ich* bin der Ältere!« Das führt beim Balancieren, beim Klettern auf Felsen und Ähnlichem ständig zu Misserfolgen, Wutausbrüchen und Verzweiflung und wieder zunehmendem heftigerem Stottern.
>
> Eines Tages spielen beide Brüder mit dem Jungen Serge, der älter ist als Jean: »Als gerechter Ausgleich ist nun Jean im Vergleich mit dem neuen Freund der Kleinere. Der ältere Junge ist ein Einzelkind

und schließt sich enger an Grischa an – oder ist es umgekehrt? Grischa ist ganz glücklich. Vielleicht macht er sich jetzt eine realistischere Vorstellung von Jean, der nicht mehr absolut überlegen ist. Serge ist bei manchen Übungen, die Muskelkraft erfordern, Jean überlegen, so zum Beispiel beim Balancieren. Grischa bemerkt, daß Jean weder von der Überlegenheit seines tollen Freundes gekränkt ist – er bewundert ihn vielmehr – noch von der Tatsache, daß Grischa ihn zum Freund hat. Nach diesem zu dritt verbrachten Tag hört Grischas Stottern vollständig und für immer auf« (Dolto 1988, S. 148).

Im Spiel dieser drei Jungen, im Vergleichen, Bewundern und Identifizieren, balanciert Grischa seine Identität zwischen Größersein und Kleinersein aus.

## Unterschiede und Gemeinsamkeiten zwischen Geschwistern

»Wir waren, nach meinem Empfinden […], eine solche Truppe unterschiedlichster Charaktere und boten ein derartig unterschiedliches Bild und waren dabei so miteinander verschmolzen und vereinigt und ineinander verzahnt« – so schrieb der englisch-amerikanische Romancier Henry James über die vier Brüder James und ihre Schwester Alice (James 1913, S. 2). Menschliche Entwicklung fassen wir heute als interaktiven Prozess auf, in dem die Fähigkeit zur Abgrenzung und die Fähigkeit zur Kontaktaufnahme nicht nacheinander, sondern aufeinander bezogen entstehen. Die geschwisterliche Entwicklung ist von dieser Grunddynamik geprägt: Geschwister haben das Bedürfnis, einander ähnlich zu sein *und* sich voneinander zu unterscheiden.

»Obwohl ich es auch gut finde, wenn wir in vieler Hinsicht das gleiche fühlen, [ist es] auch wichtig, dass wir nicht total gleich sind«, so zitiert Lori Stern eine 15-Jährige, die über ihre Beziehung zu ihrer Schwester berichtet (Stern 1992, S. 258f.). Oder wie in diesem Beispiel: »In meiner Klasse waren Zwillinge, die sich vorzüglich miteinander vertrugen […]. Eine Zwillingsschwester hätte meiner Existenz entzogen, was ihren Wert ausmachte: ihre wundervolle Einzigartigkeit« (de Beauvoir 1968, S. 58).

Diese Entwicklung im Empfinden der Geschwisterlichkeit ist nicht nur Sache der frühen Kindheit, sondern prägt auch die spätere Kindheit, die Adoleszenz und das Erwachsenenleben. Wenn es gut geht, können Geschwister ihr eigenes Leben leben und doch aufeinander bezogen bleiben. Der Weg zu dieser Balance – sich genügend voneinander zu unterscheiden und doch einander nahe zu bleiben – ist lang und kein bequemer Spaziergang. Die geschwisterliche »Ausrüstung« für diese Wanderung hält einen Rucksack voller psychodynamischer Instrumente bereit, deren Funktionsweise dank vieler Forschungsansätze (und Fehlannahmen) allmählich entschlüsselt wird.

## Die Geschwisterkonstellation

Alfred Adler (1927) nahm als einer der Ersten an, für Unterschiede zwischen Geschwistern seien Merkmale wie Geschwisteranzahl, Altersabstand, Geschlecht und vor allem die Position in der Reihenfolge entscheidend. Er selbst sprach schon von einem zu vermeidenden Missverständnis, davon auszugehen, der Geburtsrangplatz präge den Charakter, viel wichtiger sei die Familiensituation, in die ein Kind hineingeboren würde.

Walter Toman (1996) griff Adlers Theorie auf und filterte aus seiner psychotherapeutischen Erfahrung acht Haupttypen von Geschwisterpositionen heraus. Ein ältester Bruder von Brüdern übernimmt demnach gern Führung und Verantwortung und »identifiziert sich bereitwilliger als andere mit Autoritätspersonen und Machthabern […]. Mit Frauen ist er eher spröde oder scheu […]. Seine günstigste Partnerin wäre eine jüngste Schwester von Brüdern […]. Mit einer ältesten Schwester von Schwestern käme er relativ am schwersten zurecht« (S. 145f.). Ein Mensch übertrage seine Geschwistererfahrung auf spätere soziale Beziehungen nach dem »Duplikationstheorem«, zum Beispiel auf seine Partnerschaft: Diese sei »um so erfolgreicher und dauerhafter, je ähnlicher sie früheren und frühesten intrafamiliären sozialen Beziehungen der Beteiligten« ist (S. 81).

Am erfolgreichsten und dauerhaftesten seien »komplementäre Beziehungen« wie die zwischen einem ältesten Bruder von Schwestern (»Er hat gelernt, Mädchen zu führen«) und der jüngsten Schwester von Brüdern oder zwischen dem jüngeren Bruder von Schwestern und der älteren Schwester von Brüdern (sie ist »die Führende und Mütterliche, er der mütterlich Betreute, der sich auf seine Schwester verlassen und selbst tun kann, was er will«; S. 83f.).

Es ist Tomans Verdienst, die Übertragung von Geschwistererfahrungen auf die Partnerwahl und ihre Auswirkungen für die Partnerschaft zu thematisieren. Geschwistererfahrungen werden in der Partnerschaft genutzt und versprechen zum Beispiel für die Konfliktbewältigung erprobte Muster. Auch die Wiederholung komplementärer Rollen mag Sicherheit vermitteln und Stabilität der Beziehung in Aussicht stellen.

Kritisch sehe ich Tomans klischeehafte Ausformung von Geschwisterkonstellationen. Unbefriedigend finde ich auch seine Kriterien für den »Erfolg« einer Ehe: »wenn sie nicht getrennt wird, wenn sie zu Kindern führt und wenn diese Kinder wieder Ehen schließen und Kinder haben können« (S. 82). Es hat durchaus Sinn, sich etwa in einer Paartherapie die Geschwisterkonstellationen der Partner anzusehen, wenn sich der Therapeut dann fragt, welche Beziehungserfahrung in *dieser* Paarsituation zur Stabilität oder zum Konflikt führt. Pychodynamisch kann es beispielsweise um die Frage gehen, ob eine Paarkrise einen Reifungsschritt für dieses Paar darstellt, indem einer oder beide Partner dabei sind, sich von einem (bisher stabilisierenden) komplementären Muster (Anlehnungs-/Dominanzwunsch etwa) zu emanzipieren.

Von Adler ausgehend fanden Thesen zur Geschwisterposition (»birth order«) regen Zuspruch und führten zu einer Unmenge von Untersuchungen. Cecile Ernst und Jules Angst (1983) widerlegten diese Theorie in einer umfassenden kritischen Analyse sämtlicher Publikationen zwischen 1946 bis 1980 und fanden auch in einer eigenen großen Studie keinen Zusammenhang zwischen Persönlichkeitstyp und Geburtsrangfolge. Andere Merkmale wie Geschlecht oder sozialer Status der Familie sind viel bedeutsamer. Und wichtiger noch: Gemessen am wissenschaftlichen Standard (Entwicklung verläuft kontextuell) kommt es wie ein Dinosaurier daher, einzelne Merkmale (wie »Erstgeborener«) als unabhängige Variablen zu betrachten. Die Geburtenfolge spielt

»im Drama der Unterschiede zwischen Geschwistern nur eine kleine Nebenrolle« (Dunn/Plomin 1996).

So weit das Ergebnis der empirischen Entwicklungspsychologie. Unter psychodynamischem Blickwinkel besteht dagegen ein Unterschied zwischen erstem Kind (es erlebt in seiner Familie erst nur die Eltern, dann dazu ein Geschwister) und späteren Kindern (sie werden in eine Familie mit bereits vorhandenen vertikalen und horizontalen Beziehungen hineingeboren). Es sollen auch nicht Erfahrungen geleugnet werden derart, dass ein Erstgeborener stärker auf die Eltern bezogen sein kann als seine Geschwister und ihm später oft die Rolle zufällt, für sich und für seine Geschwister bestimmte Freiräume zu erkämpfen.

In einer konkreten Familie treten die Geschwister unter je spezifischen Bedingungen an. Die Frage lautet jeweils: Was machen sie daraus? Polarisieren sich ihre Beziehungen? Profitieren sie nur einseitig oder finden sie Ausgleiche? Wie verändern sie ihre Positionen als Erster, Mittlerer oder Jüngster? Findet beispielsweise in der Adoleszenz der jüngere Bruder leichter Kontakte zu den Peers und zieht vielleicht sogar den älteren Bruder mit? In der Birth-Order-Theorie interessieren Muster der Ausgangsposition, psychodynamisch dagegen interessieren die Geschwisterbeziehungen, die sich aus dieser Position entwickeln!

Schon hier lässt sich für die klinisch-psychotherapeutische Diagnostik folgern: Die Frage »Wie viele Geschwister haben Sie, wievieltes Geschwister sind Sie?« erlaubt keinerlei »Aha«-Rückschlüsse! Aber es ist nach wie vor beliebt, eine systematische Bedeutung der Geburtsrangfolge für Unterschiede zwischen Geschwistern anzunehmen. Frank J. Sulloway (1997), ein Wissenschaftshistoriker, beeindruckte durch seine Materialfülle und kam nach der statistischen Auswertung zu spektakulären Ergebnissen. Allerdings wiesen Judith R. Harris (2000, S. 533ff.) und weitere Autoren genau und überzeugend nach, wie Sulloway seine Zahlen manipuliert hatte. Bis auf historisch und sozial definierte Ausnahmen, in denen Traditionen wie die Vererbung des Bauernhofs an den erstgeborenen Sohn noch eine Rolle spielen, ist die Birth-Order-Theorie mit ihrer Implikation, aus der jeweiligen Stellung leiteten sich Persönlichkeitsmerkmale ab, für die westliche Gesellschaft widerlegt.

## Rivalität

Was treibt Geschwister an, sich voneinander zu unterscheiden, um genügend eigenen Entwicklungsspielraum zu haben? Dass es hier um einen zentralen Prozess der psychischen Entwicklung geht und dass Rivalisieren sein psychodynamisches Vehikel ist, habe ich bereits beim Thema »soziale Geburt« erwähnt: Wenn ein jüngeres Geschwister geboren wird, erwirbt das ältere durch existenzielles Rivalisieren die Erkenntnis ›Ich und du, wir sind beide gleich *und* wir unterscheiden uns, es gibt Platz für dich und für mich‹. Doch auch Kleinkinder, Vorschul- und Schulkinder rivalisieren. Zwischen Geschwistern ist Rivalisieren eines der häufigsten Interaktions- und Beziehungsmuster. Geschwister zwischen zwei und neun Jahren geraten alle neun Minuten aneinander, bei den Älteren dauern diese Auseinandersetzungen im Schnitt 45 Sekunden an. Ihre Kämpfe nehmen also beträchtliche Zeit ein (Kramer 2010) und rauben ihren Eltern oft den »letzten Nerv«.

In der Bewertung des Rivalisierens vollzog sich in den letzten 20 Jahren ein bemerkenswerter Wandel, in dem die Entwicklungspsychologie der psychoanalytischen Entwicklungslehre um einiges voraus ist. Wenn Geschwister während vieler Jahre nichts anderes so häufig betreiben, wie miteinander zu streiten, hat das vielleicht doch noch einen anderen Sinn, als die Eltern nur zu nerven? Zwar finden wir immer noch die Annahme, man könne die Geschwisterbeziehung verbessern, indem man versucht, die geschwisterlichen Konflikte zu reduzieren. Wie Studien zeigen, führt die Reduzierung von Geschwisterkonflikten aber nicht etwa zu einer harmonischeren Beziehung, sondern zu einem Nebeneinanderherleben, und später verlieren sich diese Geschwister aus den Augen (Kramer 2010). Es ist vielmehr so: Im Streiten und Rivalisieren lernen Brüder und Schwestern, klar zu kommunizieren, zu verhandeln und Konflikte einvernehmlich zu beenden. Es geht ja nicht um das Streiten an sich, sondern um das Aushandeln eines Kompromisses, Streiten um eine gemeinsam akzeptierte Lösung. Streiten ist ein Instrument, mit dessen Handhabung Geschwister lernen, ihre Affekte zu regulieren, emotionale und soziale Kompetenz zu erwerben, sich selbst zu vertreten und sich gegenseitig zu respektieren.

Eltern stellen Beratern, Kinder- und Jugendpsychiatern, Psychotherapeuten und Familientherapeuten immer wieder die Frage, wann und wie sie in den Streit ihrer Kinder eingreifen sollen – oft fragen sie nur rhetorisch und wollen die Therapeuten dazu bringen, ihr bisheriges Eingreifen zu legitimieren. Therapeuten verblüfft dabei oft, dass manche Eltern schon bei den geringsten Anzeichen von Konfrontation eingreifen wollen, andere erst dort, wo ernsthafte Verletzungen drohen oder dauerhafte verbissene Kämpfe stattfinden. Das lässt darauf schließen, dass hier eigene Erfahrungen der Eltern maßgeblich mitspielen. Darüber sollten wir Therapeutinnen und Therapeuten mit den Eltern reden. Streitende Geschwister sind ein Lieblingsthema für Elternratgeber, pauschale Tipps für die Eltern zum Eingreifen sind aber wenig hilfreich. Übrigens: Wenn Geschwister *nicht* streiten, sollten wir als Berater und Therapeuten aufmerksam werden: Da stimmt etwas nicht!

Es ist eine wichtige Aufgabe, Eltern dabei zu unterstützen, das Rivalisieren und Streiten ihrer Kinder als eine Art tägliches Brot für die psychische Entwicklung verstehen und schätzen zu lernen und das eigene Eingreifen auf diesen Punkt hin immer wieder zu reflektieren, mit all den Klippen, die diese Mutter und dieser Vater zu umschiffen haben – seien es eigene ängstigende Kindheitserfahrungen, sei es die Angst, selbst ausgeschlossen zu werden, sei es die vorgebliche Aufgabe von Eltern, alles im Griff zu haben. Bei diesem Reflektieren geht es um den Unterschied in der Haltung: Fordern die Eltern als regulative Instanz »Vertragt euch« oder neigen sie zu »Ihr dürft euch streiten«? Ratsam für »starke« Eltern scheint mir diese Haltung: Sie werten das Rivalisieren ihrer Kinder positiv, beziehen es nicht auf sich als geschwisterlichen Kampf um elterliche Liebe und respektieren und schützen die Geschwisterbeziehung ihrer Kinder und gönnen ihnen diesen eigenständigen Raum.

Der Wandel hin zu einer positiven Bewertung des Rivalisierens beinhaltet auch eine bessere Unterscheidung zwischen entwicklungsfördernder und gestört-destruktiver Dynamik. Da sich beides in den Köpfen vieler Psychotherapeuten noch immer vermischt, möchte ich diese wichtige Unterscheidung klar betonen.

Auf die Frage, was sie mit Geschwistern assoziieren, fällt vielen Befragten neben der »Verbundenheit« ein: »Geschwister – das ist Rivalisieren um die Liebe der Eltern!« Die Sehnsucht, von Mutter und Vater geliebt zu werden, besteht sicher lebenslang. Beim entwicklungsfördernden Rivalisieren zwischen Geschwistern geht es aber nicht primär um ein *vertikales* (auf die Eltern gerichtetes und von diesen dominiertes), sondern um ein *horizontales* Geschehen. Anders gesagt: Es gibt das Bild der Rivalen, die um die Gunst eines Dritten kämpfen, aber beim geschwisterlichen Rivalisieren geht es oft um ein Drittes wie »Wer ist der bessere Schwimmer?« Der Begriff »Konkurrenz« trifft den Vorgang eigentlich besser: Er bedeutet, etwas *zusammen* zu machen und zu sehen, wer dabei besser ist.

Hinter der Neigung, Rivalisieren szenisch vertikal zu verstehen, kann sich eine unausgesprochene oder unbewusste hierarchische Haltung und Erwartung verbergen, dass Konflikte von einer Elterninstanz gelöst werden müssten. Ein einfaches Beispiel mag diese Haltung illustrieren: Ich verfolgte eine Predigt, der Geistliche illustrierte darin sein Verständnis elterlicher Verantwortung. Ein Kind bekommt eine Tafel Schokolade, soll sie mit seinem Bruder teilen und gibt ihm zwei Stückchen ab. Um Streit zu vermeiden, müsse selbstverständlich ein Erwachsener eingreifen, damit beide Brüder gleich viel bekommen! Ist das wirklich so? Analytiker plädieren zunehmend für eine horizontale Konfliktkompetenz: Die Geschwister sollen selbst lernen, mit Aggression, Wut, Neid, Eifersucht und Rivalität umzugehen. Juliet Mitchell (2003) etwa setzt sich leidenschaftlich für diese Haltung ein und verweist darauf, was wir – oft unbemerkt – von den *Eltern* erwarten: »Wenn die nur besser und perfekter kontrollieren, wird es keine Aggression und keine Gewalt mehr zwischen Geschwistern geben.«

An dieser Stelle ist ein Hinweis auf die sogenannte *Nischentheorie* nötig. Sie wird oft – auch von Psychoanalytikern – als konstruktives psychodynamisches Modell gelungener Autonomieentwicklung genannt, nach dem das geschwisterliche Sich-Unterscheiden funktioniere (Willi 1985, 1996; Cierpka 1999; Seiffge-Krenke 2009). Es trifft zu, dass Geschwister häufig unterschiedliche Fähigkeiten und Begabungen entwickeln und kultivieren und dass diese Unterscheidung für sie eine wichtige Funktion hat. Die Nischentheorie verfehlt aber das heutige Verständnis gesunder geschwisterlicher Psychodynamik, weil sie das Rivalisieren negativ wertet und es vertikal auf die Eltern bezieht.

Nach dieser Theorie beschränkt sich in einem gemeinsamen Wirkraum jeder Organismus auf eine enge Nische. Je schmaler die Nische und je höher die Spezialisierung, desto geringer sind die Überschneidungen mit jenen der Konkurrenten. Nischenspezialisierung wird so zur häufigsten Grundlage für die Koexistenz von Konkurrenten. Diese Strategie wählen häufig auch Geschwister – zum Beispiel glänzt eines als Tennisstar, ein anderes als mathematisches Talent. Oder eines stellt sich den affektiven Bedürfnissen seiner Eltern zur Verfügung, ein anderes bleibt distanzierter, unterstützt die Familie aber finanziell. So findet jedes Kind besondere Beachtung und Wertschätzung. Eltern unterstützen intuitiv diese Nischenspezialisierung, um nach Möglichkeit Rivalitäten zu vermeiden. Wir können dies oft beobachten, deshalb ist es aber noch nicht konstitutiv oder gar obligatorisch für jede Geschwisterbeziehung.

In Frank J. Sulloways Zuspitzung der Theorie können wir die beiden Fehlannahmen besonders deutlich erkennen: Die Entwicklung weiche selten »vom uralten Darwin'schen Szenario ab: Geschwister entwickeln Strategien, die ihnen helfen sollen, einen möglichst großen Anteil der elterlichen Zuwendung zu erlangen« (Sulloway 1997, S. 222). Geschwister kämpfen auf Leben und Tod um elterliche Zuwendung, weil die Eltern die Familienressourcen beherrschen und verteilen; Rivalisieren gilt als negativ und ist folglich zu minimieren. Wie wir heute wissen, geht es stattdessen um die Validierung des Rivalisierens und Streitens als eminent wichtigen Entwicklungsmotor: Hier haben Geschwister ein horizontales Trainingsfeld, auf dem sie intensiv an der Ausformung ihrer Identität arbeiten.

Wird geschwisterliches Rivalisieren szenisch vertikal ausschließlich auf die Eltern bezogen, ist darin die Möglichkeit einer spezifischen vertikalen Störung der Geschwisterdynamik enthalten: »Ein Kind wird vorgezogen.« Ich illustriere dieses

Muster zunächst an der biblischen Erzählung von Jakob und Esau (Altes Testament, 1. Moses 27):

Der Vater Isaak zieht den älteren Sohn Esau vor, die Mutter Rebekka den jüngeren Sohn Jakob. Als Isaak vor seinem Tod Esau segnen will, stiftet Rebekka Jakob zum Betrug an. Unter dem Einfluss seiner Mutter stiehlt Jakob, als Esau verkleidet, seinem Bruder den väterlichen Segen. Danach hasst Esau seinen Bruder und will ihn umbringen. Interessant ist nun, dass und wie sich dieser tödliche Hass wieder auflöst. Nach John Locke, der im 17. Jahrhundert vehement für Gleichheit und Brüderlichkeit eintrat, setzte sich die Geschichte so fort, dass es nie eine Autorität gab, »die nach dem Tod des Vaters einer von beiden über den anderen gehabt hätte. Sie lebten in Freundschaft und Gleichheit wie Brüder« (zit. nach Rigotti 1993, S. 273).

Doch die Geschichte ist auch damit nicht zu Ende. Die Dynamik des vorgezogenen Kindes wiederholt sich transgenerational: Der eine der Brüder, Jakob, zieht in Joseph wieder einen vorgezogenen Lieblingssohn heran, und es kommt zum Drama zwischen »Joseph und seinen Brüdern« (wie Thomas Mann seinen großen Roman genannt hat). Seine Brüder verschleppen Joseph ins Ausland, werfen ihn in eine Grube und erklären ihn für tot. Was ihm von seinem Vater Isaak an Bewunderung versagt geblieben war, projizierte Jakob auf seinen Sohn Joseph (das erste Kind seiner Lieblingsfrau Rahel) und provozierte damit Hass und Neid bei Josephs Brüdern. Nicht weniger faszinierend ist der letzte Akt des Dramas: Joseph ist nach harten Jahren am ägyptischen Hof gereift und arrangiert eine Begegnung mit seinen Brüdern und dem Vater. Er stellt die Brüder auf die Probe, und dabei erweist sich, dass inzwischen auch die Geschwisterbeziehungen gereift sind; neue, konstruktive Züge überwiegen (Diepold 1988). Das vertikal beginnende und transgenerational wiederholte Drama wird schließlich durch eine horizontale Veränderung der Geschwisterbeziehungen aufgelöst – wie in einer modernen Familientherapie.

Ich möchte zudem auf die Geschichte von Kain und Abel hinweisen. Der Brudermord Kains an Abel spielt sich vor dem Hintergrund eines allmächtigen Vaters ab, der allein entscheidet, welcher der beiden Söhne *den einen Platz* erhält. Dieser Brudermord steht als Metapher für die in unserer Kulturgeschichte über Jahrtausende tradierten Geschwistergeschichten von Hass, Vernichtung und Tötungswünschen. Sie spiegelt zweifellos eine familiäre und gesellschaftliche Wirklichkeit wider, und zwar eine hierarchisch und patriarchalisch bestimmte Welt.

In der Psychotherapie erfahren wir, dass feindselige geschwisterliche Kämpfe häufig vorkommen. Ich finde es dennoch wichtig, das jeweilige Misslingen (auch hinsichtlich seiner Entstehung) als Störung und nicht als eine Dynamik aufzufassen, die alle Geschwister miteinander erleben. Wenn Psychoanalytiker tödliche Geschwisterkämpfe als typische dunkle Seite jeder Geschwisterbeziehung beschreiben, dann ist das keine zeitgemäße psychoanalytische Auffassung, sondern ein Relikt der Freud'schen Fehlannahme – Freud verallgemeinerte seine zumindest partiell traumatische Geschwistererfahrung zu einem geschwisterlichen Entwicklungsgesetz.

Bleiben wir noch bei den Störungsmöglichkeiten des Rivalisierens, weil wir es als Psychotherapeutinnen und -therapeuten oft mit ihnen zu tun haben. Erkennen wir die Störungen, soll das der Anreiz sein, hier therapeutisch anzusetzen und an der Geschwisterdynamik zu arbeiten, damit sie (wieder) als Ressource für die Freude am Zusammenleben wirksam werden kann. Die Störungen können von den Eltern induziert werden, sei es durch deren Versagen bei der »sozialen Geburt«, sei es durch eigene ungelöste Konflikte (über Projektion und Identifikation); sie können aber auch von den Geschwistern ausgehen, zum Beispiel weil eines subjektiv erlebt, dass ein anderes vorgezogen wird. Konkret gibt es eine Fülle von Varianten, eine große Bandbreite zwischen gesunder und gestörter Rivalitätsdynamik.

*Neid* kann eher blockierend wirken, wenn im Erleben die Betonung darauf liegt: »Was ich nicht habe, sollst auch du nicht haben!« Dagegen kann Neid progressiv wirken, wenn die Betonung lautet: »Wohin du gekommen bist, da will auch ich hin!« *Eifersucht* verstehen wir szenisch vor allem in einem Vergleichen: »Sie ist die Schönere, gegen sie bin ich hässlich!«

Geschwister lieben sich und hassen sich – das, so wird immer wieder behauptet, kennzeichne diese wie keine andere Beziehung. Geschwisterliebe ja, aber ist das andere Hass? Ich verstehe unter Hass eine konstante feindliche Einstellung und nehme an, auch in dieser Formel steckt die Vermischung, von der ich sprach. Entweder ist nicht Hass gemeint, sondern so etwas wie *situative Wut* (die kann heftig sein – vielleicht möchte ich dem Bruder an die Gurgel oder ihn »auf den Mond« schießen). Geschwister streiten sich und versöhnen sich, immer wieder. So können sie sich gerade im dauernden Wechsel zwischen Einverständnis und Auseinandersetzung sehr nahe verbunden fühlen. Geschwisterbeziehungen sind nicht hasserfüllt, sondern konfliktträchtig. »Ich mag dich, du nervst mich und zwingst mich ständig zu neuen gemeinsamen Lösungen« (vgl. Frick 2009).

Oder sind mit Hass diese latent lauernden Todeswünsche gemeint, weil sich Geschwister in ihrem Selbst vom anderen so abgründig bedroht fühlen können? Dann halte ich das für eine der beschriebenen Formen einer (meist von den Eltern induzierten) gestörten Dynamik.

Als geschwisterliche *Ambivalenz* bezeichnen Psychologen oft den permanenten Wechsel zwischen Streit und Harmonie – für mich ein Irrtum. Es geht nicht um Zwiespältigkeit, sondern um Auseinandersetzung; die Konflikte entstehen und verschwinden innerhalb einer tragenden Beziehung. Geschwister müssen diesen Wechsel täglich, stündlich miteinander üben! Daraus entsteht die Fähigkeit, sich als eine oder einer unter anderen zu orientieren. Geschwisterlichkeit bedeutet nicht ein Aufgehen (und Untergehen) in Streit oder in Harmonie, sondern *Konfliktfähigkeit* – ein Anerkennen von Unterschieden, das aus Vertrauen in die Beziehung erwächst.

Im Rivalisieren lernen Geschwister, sich voneinander zu unterscheiden und sich als Einzelne unter anderen zu orientieren. Im subjektiven Erleben kann – bei gleicher Konstellation der Dynamik für einen äußeren Betrachter – der Fokus jeweils ein anderer sein, sei es Neid, Eifersucht, Dominanz, Konkurrenz, Rivalität oder auch eine Mischung daraus.

## Die Entstehung der Differenz

In den letzten zwanzig Jahren leisten Verhaltensgenetiker (wie Robert Plomin) einen wesentlichen Beitrag zur Beantwortung unserer Frage nach den Unterschieden zwischen Geschwistern.

Und durch produktive Zusammenarbeit mit Entwicklungspsychologen (wie Judy Dunn) ist dieser Ansatz mit seinen oft raffinierten Fragestellungen und durchdachten Rückschlüssen besonders ergiebig. Wir verdanken ihm viel Wissen über den Reichtum von Geschwisterinteraktionen und gewinnen ein lebendiges Bild davon, wie die Unterschiede entstehen.

Geschwister haben durchschnittlich 50 Prozent gemeinsame Gene, gewöhnlich zwischen 25 und 75 Prozent, doch am Ende würfelt die Natur bei jedem Kind neu. Die menschlichen Gene liegen auf 23 Chromosomenpaaren. Die eine Hälfte jedes Chromosomenpaares kommt von der Mutter, die andere vom Vater; aber selten erben Geschwister dasselbe Chromosom, weil zusätzlich eine Rekombination, ein Austausch von mütterlichen und väterlichen Chromosomenteilen stattfindet. Und weil die genetische Prägung bei den meisten Merkmalen nicht durch ein einzelnes Gen, sondern durch eine Genkombination bestimmt ist, reduziert sich die tatsächliche genetische Gemeinsamkeit zwischen Geschwistern gegenüber der Zahl gemeinsamer Gene erheblich.

Verhaltensgenetiker arbeiten mit Adoptions- und Zwillingsstudien. Bei genetisch beeinflussten Merkmalen würden wir erwarten, dass getrennt adoptierte Geschwister einander ähneln. Biologische Geschwister, die in derselben Familie aufwachsen, müssten sich ähnlicher sein im Vergleich zu genetisch nicht verwandten Geschwistern, die in dieselbe Familie adoptiert wurden. Bei Zwillingsstudien wäre zu erwarten, dass eineiige Zwillinge sich ähnlicher sind als zweieiige. Falls erbliche Faktoren keinen Einfluss haben, sollten getrennt adoptierte Geschwister keine Ähnlichkeit miteinander aufweisen und eineiige Zwillinge sollten sich nicht ähnlicher sein als zweieiige.

Nur ein Drittel der Unterschiede zwischen Geschwistern beruht auf genetischen Faktoren, zwei Drittel der Unterschiede sind umweltbedingt. Längst werden diese Umwelteinflüsse untersucht. Das Ergebnis verblüfft: Bei gemeinsamer Umwelt sind die Unterschiede zwischen den Geschwistern viel größer als erwartet:

> »Wir sind so oft davon ausgegangen, daß die Entwicklung von Geschwisterkindern entscheidend durch gemeinsam geteilte Einflüsse geprägt wird: von den Persönlichkeiten und den Kindheitserfahrungen

> ihrer Eltern, von der Qualität der Partnerbeziehung der Eltern, vom Bildungshintergrund der Kinder, von der Nachbarschaft, in der sie heranwachsen, und von den Einstellungen ihrer Eltern gegenüber Schule und Disziplin. Insofern diese Einflüsse den Geschwistern aber gemeinsam sind, erklären sie nicht die von uns beobachteten unterschiedlichen Entwicklungen« (Plomin 1994, S. 23).

Das Ergebnis noch einmal anders formuliert: Zwei Brüder aus der oberen Mittelschicht, die dieselbe Schule besuchen und deren Eltern sie zu denselben kulturellen Veranstaltungen, Sportereignissen, Musikstunden schicken und die von ihnen in derselben Art und Weise erzogen werden, sind einander kaum ähnlicher als einem Jungen aus der Arbeiterklasse oder vom Bauernhof, dessen Leben sich von dem ihrigen radikal unterscheidet. Den Löwenanteil der Umwelteinflüsse macht also nicht die gemeinsame Umwelt (»shared environment«) aus, sondern die nicht gemeinsame Umwelt (»non-shared environment«). Obwohl Geschwister, die in derselben Familie aufwachsen, die gleiche Familienerfahrung haben, sind sie sehr verschieden.

Dieses eindeutige Ergebnis zwingt uns zu einem radikalen Umdenken und führt zu einer neuen Fragestellung: Zur Erforschung der geschwisterlichen Unterschiede kann zum Beispiel nicht das zweite Kind aus einer Familie mit dem zweiten Kind aus einer anderen Familie verglichen werden, sondern *Geschwister in derselben Familie* sind zu vergleichen!

Diese Perspektive führt zur wichtigsten Erkenntnis, wie die Unterschiede zwischen Geschwistern zustande kommen: Die einzigen für die individuelle Entwicklung wichtigen Umgebungsfaktoren sind diejenigen, die von den Geschwistern *unterschiedlich erlebt* werden! Wie sich ein Elternteil gegenüber einem Kind verhält, ist damit verknüpft, wie dieses Kind sich gegenüber seinen Geschwistern verhält. Die Persönlichkeit und das Selbstwertgefühl jedes Kindes beeinflussen jede dieser Beziehungen und werden ihrerseits von jeder beeinflusst.

Insgesamt wird es keine Antwort auf die Frage geben, ob es sich bei dem wesentlichsten nicht gemeinsamen Umweltfaktor um die Eltern oder die Geschwister oder die außerfamiliäre Umgebung handelt – es geht vielmehr darum, *wie* alle drei Bereiche zusammenspielen. Und es kommt selten auf den einzelnen Faktor an (wie elterliche Erziehungshaltung oder Streiten in der Familie) und auf das »wirkliche« Ereignis, sondern darauf, wie sein Einfluss von den Geschwistern innerhalb dieser Familie unterschiedlich erfahren und erlebt wird, also auf das *subjektive* Erleben der Geschwister.

Das mag als Binsenweisheit erscheinen, ist aber lange Zeit und immer wieder infrage gestellt worden.

Eine interessante Frage dazu lautet: Hat es Einfluss auf die Unterschiede zwischen Geschwistern, wenn Eltern ein Kind vorziehen? Selbstverständlich zeigt sich immer wieder, dass Eltern im täglichen Umgang mit einem Kleinkind und mit seinem älteren Geschwister im Schulalter recht unterschiedlich umgehen bezüglich Aufmerksamkeit, Kontrolle und Zuwendung. Werden das Verhalten der Eltern und die Erfahrungen der Kinder in einem bestimmten Alter verglichen, ergibt sich überraschend: Mütter verhalten sich gegenüber ihren Kindern zum selben Zeitpunkt ähnlich!

Dieses Verhalten ist vielfach untersucht worden (siehe etwa Dunn et al. 1985): Eine Mutter zeigte gegenüber ihrem zwölf Monate alten Kind besonders viel Zuwendung, gegenüber demselben Kind ein Jahr später aber viel weniger. Diese ausgeprägte Zuwendung zeigte sich erneut, als ihr nächstes Kind zwölf Monate alt war. Das erste, jetzt dreijährige Kind wird also täglich Zeuge der besonders intensiven Zuwendung, die sein zwölf Monate altes Geschwister erfährt. Diese Erfahrung könnte dazu beitragen, dass sich Geschwister unterschiedlich entwickeln: Die Beobachtung der offensichtlichen Zuneigung der Mutter für das Geschwister kann alle Zuwendung bedeutungslos werden lassen, die man selbst erfahren hat!

Für die Entwicklungsforschung verändert sich die Perspektive: Der Blickwinkel der Geschwister ist entscheidender als der Blickwinkel der Eltern. Kinder sind für (tatsächliche oder empfundene) Unterschiede zwischen ihren eigenen Beziehungen zu den Eltern und denen ihrer Geschwister hochgradig sensibel. Und es sind diese Unterschiede, von denen die wesentlichen Auswirkungen auf die Entwicklung der Geschwister ausgehen, und weniger die Einstellungen der Eltern. Entwicklungsforscher sprechen von einer Verschiebung der Sichtweise von der Betrachtung des Kindes als Kind-der-Eltern zu der des Kindes-als-Familienmitglieds. Bei etwas älteren Kindern stellte sich heraus, dass entscheidend ist, ob Geschwister die erlebte Ungleichbehandlung der Eltern als *fair* interpretieren oder nicht; dann wirkt sich die ungleiche Behandlung weder auf die Geschwisterbeziehung noch auf das benachteiligte Kind negativ aus (Dunn 2007; Kramer 2010). Ein präventiver Tipp an Eltern kann lauten: Ungleichbehandlung in der Familie diskutieren und transparent machen!

Wie wirkt es sich aus der Sicht der Geschwister aus, wenn ein Kind vor seinen Geschwistern bevorzugt wird? Langzeitstudien zeigen negative Folgen für benachteiligte Kinder, ohne dass die Entwicklung des bevorzugten Geschwisters gefördert würde. Aus den Aussagen erwachsener Geschwister geht hervor, dass unter der Bevorzugung eines Kindes die Geschwisterbeziehung gelitten hat; sowohl das bevorzugte als auch das benachteiligte Geschwister sehen das so.

Ein besonders wichtiger Faktor unter den vielen, die von Geschwistern unterschiedlich erlebt werden, ist die Geschwisterbeziehung selbst. Geschwister erleben ihre gegenseitige Beziehung unterschiedlich, und dieser Vorgang verstärkt seinerseits über die Zeit hin die Unterschiede zwischen ihnen! Das Aufwachsen mit einem Geschwister bedeutet, mit einem ganz anderen Menschen groß zu werden. Geschwister vergleichen sich dabei fortwährend. Ein Fallbeispiel:

> Ein Patient erinnert sich, dass er in der späten Schulzeit jahrelang unter dem Zwang litt, sich mit seinem jüngeren Bruder vergleichen zu müssen. Der zeichnete mit Lust und Talent, während er selbst sich nur abmühte, um mithalten zu können. Dabei war er sich bewusst, dass sich sein Bruder ihm in seiner Fähigkeit überlegen fühlte. Interessant ist, dass für den Patienten dieser Unterschied zum Bruder viel größer war als für den Bruder und für die Eltern (wie beide Brüder das Verhalten der Eltern erlebten).

Wenn Geschwister ihren Umgang miteinander einschätzen, zeigt sich die geringste Übereinstimmung bei der Dimension der persönlichen *Nähe*: »Er ist sehr nett zu mir […]. Ich glaube, ich wäre sehr allein ohne Carl. Ich spiele viel mit ihm [...]. Er ist sehr lieb«, sagt die zehnjährige Nancy über ihren sechsjährigen Bruder Carl. Dieser wiederum meint: »Sie ist ziemlich eklig, und wir reden nicht viel miteinander [...]. Manchmal, wenn ich etwas falsch mache, schimpft sie mich richtig böse aus« (Dunn/ Plomin 1996, S. 111).

Die sozialen Vergleichsprozesse zeigen sich schon recht früh: Der zweieinhalb Jahre alte Andy, ein sensibles und eher ängstliches Kind, hört den stolzen Kommentar seiner Mutter über seine energische und übermütige kleine Schwester Susie, der es gerade gelungen ist, sich erfolgreich über ein Verbot der Mutter hinwegzusetzen:

> Mutter zu Susie (liebevoll): »Susie, Du *bist* ein entschlossener kleiner Teufel!«
>
> Andy zur Mutter (traurig): »*Ich* bin kein entschlossener kleiner Teufel.«
>
> Mutter zu Andy (lachend): »Nein! Was bist Du? Ein armer kleiner Junge!« (Dunn/Plomin 1996, S. 135).
>
> Mit zweieinhalb Jahren erkennt Andy schon, wie seine Schwester eingeschätzt wird und wie sehr sie sich von ihm unterscheidet. Im angeführten Beispiel projiziert Andy den Unterschied auch in die Zukunft und das beeinflusst sein Selbstbewusstsein, allerdings negativ.

Wenn Geschwister ihren Umgang miteinander einschätzen, zeigen sie (nach Dunn/Plomin 1996) die größte Übereinstimmung im Erleben ihrer Unterschiedlichkeit hinsichtlich *Dominanz* und Unterlegenheit. Diese Dominanz kann sich sehr verschieden gestalten. Ein Junge erlebte die aggressive Dominanz seines älteren Bruders als ganz normale »Erziehungsmethode« und nahm es als selbstverständlich hin, vom Bruder täglich mit einem Stock verprügelt zu werden.

In einer anderen Familie war eine jüngere Schwester (selbst sehr spontan, direkt, rasch entschlossen) ihrem kognitiv leicht behinderten, umständlichen älteren Bruder überlegen und dominierte ihn in der Kindheit. Sie war diejenige, die alle Spiele erfand und die Regie führte. Als Erwachsene übernahm die Schwester von den Eltern zunehmend die Verantwortung für ihren Bruder und organisierte sein Leben. Hier entwickelte sich die Dominanz der Schwester aus der Lebenssituation und beide Geschwister erlebten übereinstimmend ihr Verhältnis als ungleich und akzeptierten es so.

Unterschiede zwischen Geschwistern hängen auch mit ihrer verschieden großen »Resilienz« zusammen. Dass wir noch sehr wenig darüber wissen, warum ein Kind zum Beispiel unter der Depression der Mutter mehr leidet als sein Bruder oder seine Schwester, liegt großenteils daran, dass bisher wenig untersucht wurde, wie Geschwister in derselben Familie reagieren. Langzeitstudien zeigen jedenfalls, dass sich Stress in der Familie (ein Elternteil wird arbeitslos, stirbt oder erkrankt schwer etc.) auf die Geschwister ganz unterschiedlich auswirkt. Dabei entsteht ein *kumulativer Effekt*: Das Erleben einer Reihe von Stress verursachenden Ereignissen kann einen Menschen zunehmend verletzlich machen und anfälliger, sodass sich künftige Ereignisse noch stärker negativ auswirken – wie in folgendem Beispiel:

> Der Vater war aus beruflichen Gründen drei Monate lang nicht zu Hause. Sein Sohn vermisste ihn sehr, viel mehr als seine jüngere Tochter. In den folgenden 18 Monaten erlebte die Familie zwei Autounfälle, einen Einbruch und einen Umzug. Bei einem der Unfälle wurde der Fahrer des anderen Wagens getötet; beide Kinder waren im Auto, aber der Bruder litt unter dieser Erfahrung am meisten. Dann wurde zum zweiten Mal in das Haus eingebrochen und wieder war der Bruder davon am meisten beeinträchtigt. Schließlich starb der Großvater und erneut war der Bruder stärker betroffen als seine Schwester. Während der Bruder zunehmend auf die Ereignisse reagierte, bewältigte seine Schwester dieselben Ereignisse, ohne mehr als eine kurze, unmittelbare Reaktion zu zeigen (Dunn/Plomin 1996, S. 169f.).

Auf den ersten Blick gemeinsame Erfahrungen werden zu einer nicht gemeinsamen Umwelt, indem Geschwister sie unterschiedlich erleben. Geschwister sind für ihre Stellung im familiären Beziehungsgefüge hochgradig sensibel und geringfügige Unterschiede in der individuellen Erfahrung können Schneeballeffekte auf ihre Entwicklung haben. Ein wesentlicher Motor für die Entstehung der Unterschiede ist darin zu sehen, dass Geschwister ihre wechselseitige Beziehung selbst unterschiedlich erleben – aber *nicht passiv*, sondern in einem psychodynamischen Prozess. Sie messen sich, ringen miteinander, sie beurteilen sich im Spiegel Dritter, sie reagieren auf intensivste emotionale Erfahrungen – in allem, was sie erleben, vergleichen sie sich. Ein Kind in einer Familie ist ohne seine Geschwister nicht zu erfassen und zu verstehen.

## Wechselseitige Bezogenheit zwischen Geschwistern

Bisher wurde in der Psychoanalyse und der Entwicklungspsychologie sehr einseitig die geschwisterliche Abgrenzung betont. Das prägte auch die »Instrumente«, mit denen Geschwisterbeziehungen analysiert wurden. Die Nischentheorie steht ganz unter dem Motto: »Unterscheide dich, spezialisiere dich, wenn du überleben willst.« Diese einseitige Betonung wird häufig unter dem Begriff »Deidentifikation« abgehandelt (Schachter 1982; Whiteman et al. 2007; Kramer 2010).

Die Annahme der nicht gleich erlebten Umwelt führt zu der Beschäftigung damit, wie geschwisterliche Unterschiede zustande kommen und wie sie sich anfühlen. Dabei kann man leicht die andere Seite aus den Augen verlieren, dass nämlich Geschwister auch aufeinander bezogen sind!

Wie können wir uns den Austausch psychodynamisch vorstellen, durch den sich die Geschwisteridentität formt? Es handelt sich um einen dialektischen Prozess zwischen *Identifikation* und *Deidentifikation*. Ein Kind nutzt dabei die Erfahrungen eines Geschwisters, ohne selbst direkt beteiligt zu sein (Provence/Solnit 1983). Geschwister kennen sich durch die gemeinsame Geschichte intim. Sie deidentifizieren sich zum Schutz ihrer je einzigartigen Identität und dabei fließt zugleich ihre Wahrnehmung geschwisterlicher Attribute und Qualitäten mit ein (Kramer 2010).

Mir erscheint dieses Hin-und-her-Gehen besonders charakteristisch: Ein Geschwister kann sich die Andersartigkeit des anderen (Eigenschaften, Begabungen, Fähigkeiten, Erfahrungen, Positionen) aneignen. Wird ein anderer Zug attraktiver (plötzlich ist es in der Peergruppe cool, Mädchen zu provozieren), deidentifiziert sich der Bruder von der bisher bewunderten Schwester – glücklicherweise kann er sich als getrennt und anders erleben.

Identifizierungen können über Jahre bestehen, andere werden nach Tagen aufgelöst. Sind wir aufmerksam, entdecken wir Inszenierungen der Geschwisteridentität auf Schritt und Tritt – zum Beispiel geht bei einer Patientin das Beziehungsmuster »Ich fühle mich sicher, wenn ich jemanden an meiner Seite habe« zurück auf das Aufwachsen mit einer älteren Schwester. Dieses Modell ist auch viele Jahre nach der äußeren Trennung der Schwestern noch wirksam, etwa im Team am Arbeitsplatz und in der Partnerschaft: »Ohne dieses ›an meiner Seite‹, wenn ich also selbst als Erste etwas entscheiden soll, bin ich völlig unfähig.« Die frühe Geschwisteridentität ist im späteren Leben mit Sicherheit in vielen Beziehungsfeldern präsent – leider gibt es bisher keine nennenswerten Studien dazu, weder psychoanalytische noch entwicklungspsychologische.

> Beatrice war Zweitälteste und einzige Schwester von vier Geschwistern. Ihre Rolle bestand von Anfang an aus dem Management der sozialen Beziehungen der Geschwister untereinander, der Moderation zwischen Eltern und Kindern und der emotionalen Stützung der Mutter.
>
> Jahrzehnte später übernimmt sie neben der fast alleinigen Zuständigkeit für vier eigene Kinder noch eine soziale Vernetzungsfunktion an einer Schule. Sie interessiert sich intensiv für die Entwicklung und das Leben ihrer Brüder und nimmt so an deren individuellen Seiten teil, die der ursprünglichen Aufteilung zwischen den Geschwistern entsprechen. Beim Ältesten erlebt sie mit, wie es sich anfühlt, seine Träume zu leben. Als Kind war er der Träumer, jetzt lebt er als Künstler und kann im Spiel mit seinen Kindern der Träumer bleiben. Die soziale Verantwortung, die in der Herkunftsfamilie die Schwester übernahm, überlässt er jetzt seiner Partnerin. Beim jüngsten Bruder erlebt Beatrice mit, wie es sich anfühlt, als Intellektueller zu leben. Dieser Bruder war schon als Vorschulkind altklug, wortgewandt und gern mit Medien beschäftigt. Er arbeitet bei einem Verlag und schätzt den Kontakt mit der Schwester, gerade auch für einen kindgerechten Umgang mit seinen eigenen Kindern.

Ein zweites Beispiel:

> Eine Patientin erlebte ihre Eltern als stark leistungsorientiert. Sie hätten massiv versucht, den beruflichen Werdegang der Kinder zu beeinflussen. Während ihr einer Bruder sich mit dieser elterlichen Erwartung identifiziert und sie in eine leistungsbezogene Karriere umgesetzt habe, entwickelte ihr anderer Bruder in der Adoleszenz eine schwere Psychose. Die Patientin versteht diese Entwicklung als Rebellion des Bruders und ist betroffen von deren hohem Preis. Sie selbst versteht sich so, dass sie weder den Karriereweg des einen Bruders noch die Rebellion des anderen Bruders selbst beschritt. Die Brüder nahmen ihr sozusagen mit ihren jeweils bedenklichen Entwicklungen diese (Um-)Wege ab, ihnen verdankt sie (über das Partizipieren im Miterleben) einen ausgewogeneren eigenen Weg. Sie wurde eine einfühlsame Psychotherapeutin.
>
> In der eigenen Therapie ging es darum, die geschwisterlichen Bezüge in die eigene Identität zu integrieren: die Anerkennung der Brüder ohne Abwertung, die Befreiung von Schuldgefühlen, die Auflösung von Wiedergutmachungsimpulsen, das Betrauern von Verlorenem und Unerreichbarem.

Die wechselseitige Bezogenheit der Geschwister fundiert den bisher weitgehend übersehenen kreativ-konstruktiven Entwicklungsprozess zwischen Geschwistern: Sie grenzen sich einerseits in ihrer Verschiedenheit voneinander ab, andererseits partizipieren sie wechselseitig an den Erfahrungen und Identifizierungen der anderen.

An Zwillingen zeigt sich das oft deutlich. Eine 90-jährige Frau meinte über sich und ihre Zwillingsschwester: »Ich selbst war die Robustere, meine Schwester war oft krank – ich hatte das Gefühl, sie nimmt mir das ab; ich half ihr dafür in der Schule.« Zwillinge legen Wert auf ihre Unterschiedlichkeit. Eine 17-Jährige sagte einmal: »Die Leute, die uns nicht genau kennen, sagen immer ›die beiden‹, aber das mögen wir nicht, weil wir verschieden sind. Unsere Freunde wissen genau, dass wir unterschiedliche Persönlichkeiten haben.« Umgekehrt genießen Zwillinge oft (durch Rollentausch) das Spiel, von ihrer Umgebung verwechselt zu werden.

Dieses Muster findet sich auch in Märchen, und zwar als Polarisierung zwischen einem »Glückskind« und einem »Unglücksraben«. Das Glückskind fühlt sich ungerecht bevorzugt, trägt das Schicksal des Unglücksraben mit, ist in Schuldgefühlen gefangen und hat ständig das Bedürfnis nach Wiedergutmachung. Familiensystemisch kennen wir das Muster des »Sündenbocks«. Einem Kind wird diese Rolle »zugewiesen«, seine Geschwister kommen hingegen unentwegt »ungeschoren« davon. Das Familiensystem ist damit zwar wie ein Mobile ausbalanciert und braucht offenbar die Sündenbockfunktion, dieser Sündenbock ist es dann später allerdings oft, der in die Psychotherapie kommt.

Ein Zwillingsbruder wurde von seinen Eltern bereits als Kind in seiner Bedeutung als der kommende Mann bestätigt und allseits gefördert. Er entwickelte ein stabiles Selbstbewusstsein und war allgemein beliebt. Schwächeren gegenüber fühlte er sich hilflos und konnte von ihnen ausgenutzt werden. Seine Zwillingsschwester erfuhr früh, dass sie für die Eltern als Mädchen weniger wert war, besonders aber litt sie unter der Bevorzugung des Bruders, erlebte dies als Ungerechtigkeit und projizierte diese Erfahrung auch später auf ihre Umwelt. Sie versuchte, ihr brüchiges Selbstwertgefühl durch provozierendes Auftreten zu kompensieren, scheiterte in ihren Arbeitsverhältnissen, litt unter Depressionen und wurde nur zeitweise stabiler und zufriedener, wenn sie sich für Schwächere intensiv (und übergriffig) einsetzen konnte. Sie hätte von einer Psychotherapie profitiert, zu der es aber nicht kam.

Es kommt vor, dass Geschwister, die sich nach jahrzehntelanger Trennung plötzlich wiederfinden, von einem Gefühl tiefen Vertrautseins berichten. »Jetzt bin ich komplett« – oder ähnlich lauten dann ihre Aussagen.

Das Partizipieren kann auch narzisstisch gefärbt sein: Eine Frau genießt die pianistischen Erfolge ihres Bruders mit. Sie selbst, gleichfalls musikalisch begabt, »wäre nie zu ihm in Konkurrenz gegangen«. Sie entwickelte ihr Talent beim Malen und malte ihrem Bruder die Bilder, die er im Kunstunterricht vorzeigen musste. Dieser »kassierte« dafür Lob und gute Noten und bedankte sich bei der Schwester. Geschwister finden einerseits »Nischen«, andererseits partizipieren sie gegenseitig.

> In einer Selbsterfahrungsgruppe sieht sich ein Teilnehmer als passiv und erlebt sich darin als komplementär zu seiner Schwester, die er als aktiv, forsch und gern intervenierend beschreibt. Eine Gruppenteilnehmerin hingegen erlebt diesen Mann ihrerseits als aktiv und eingreifend in einer Weise, die seinem Bild von seiner Schwester entspricht. Für den Teilnehmer resultiert daraus die Überprüfung seines bisherigen Selbstbilds beziehungsweise seiner geschwisterlichen Bezogenheit mit projektiven und identifikatorischen Anteilen: Was gehört zu mir? Was gehört zu meiner Schwester? Er hat hier die Chance, seine eigene Identität integrativ zu erweitern, sich eine bisher der Schwester zugeschriebene Seite selbst anzueignen.

Kinder, Jugendliche und Erwachsene erschließen sich für den Therapeuten in ihrem Gewordensein und in ihrer gegenwärtigen Lebenssituation erst im Kontext ihrer Geschwister. Für Psychodiagnostik und Psychotherapie heißt das: Um einen Patienten zu verstehen, ist die Perspektive der geschwisterlichen Komplementärdynamik unverzichtbar; für die Psychogenese sind Elternachse und Geschwisterachse gleich bedeutsam.

Bereits in der biografischen Anamnese kann ich als Therapeut nach den Geschwistern fragen: Wie erlebt sich der Patient innerhalb seiner Geschwister? Wie erleben die Geschwister ihn? Welche geschwisterbiografischen Ereignisse haben stattgefunden (Trennungen, Konflikte, Verluste)? Welche Fantasien habe ich als Psychotherapeut zu einer geschwisterlichen Komplementärdynamik bei diesem Patienten – vielleicht stellt sich gerade in der Erstgesprächsphase eine geschwisterliche Gegenübertragung ein?

Am eigenen psychotherapeutischen Arbeitsplatz oder im Team kann ich selbst auf meine geschwisterliche Komplementärdynamik aufmerksam (gemacht) werden, wenn sich gegenseitig eine Sensibilität dafür einstellt.

## Geschwister – eine lebenslange Beziehungsentwicklung

Lange Zeit stand für die psychoanalytische Theorie fest, dass sich die Persönlichkeit im Wesentlichen in der frühen Kindheit formt. Die während dieser Lebensphase erreichte »Objektkonstanz« (vertikal auf Vater und Mutter bezogen zu sein) bleibt unerschüttert als Daueridentifikation bis zur Adoleszenz erhalten und wird in deren Verlauf abrupt eingeschmolzen. In der folgenden »Ablösung« betrauern Jugendliche den Verlust der Primärobjekte Mutter und Vater und so wird der Weg zu einer neuen Beziehungsfähigkeit frei (»Objektwechsel«).

Parallel dazu war auch die Entwicklungspsychologie davon überzeugt, dass hauptsächlich die Erfahrungen aus der frühen Kindheit das ganze weitere Leben eines Menschen prägen. Inzwischen gilt es als erwiesen, dass auch Erfahrungen in der mittleren Kindheit, in der Adoleszenz und im Erwachsenenalter bedeutsam werden können für die Persönlichkeitsbildung. Frühkindliche Erfahrungen müssen nicht notwendigerweise einen größeren Einfluss ausüben als spätere und Erfahrungen im späteren Verlauf der Entwicklung können die Auswirkung früher Erfahrungen stark positiv verändern.

Beim Versuch, die vielen entwicklungspsychologischen Untersuchungen zur Geschwisterthematik der letzten Jahre zu ordnen, sind verschiedene Hypothesen aufgeworfen worden: Drei Jahre Altersabstand sind ideal; enger Altersabstand und/oder gleiches Geschlecht zwischen Geschwistern bringen viel Nähe, aber auch Konkurrenz; in Beziehungen zwischen Schwestern überwiegen Nähe, Offenheit, Intimität; bei Beziehungen zwischen Brüdern zählt immer noch das Sich-Durchsetzen.

Solche Korrelationsergebnisse können methodisch korrekt ermittelt sein und bereichern unser Repertoire diagnostischer Fragen. Sie lenken aber von der psychodynamischen Einschätzung ab, wie die *konkrete* Geschwisterbeziehung modelliert ist, etwa ob unterschiedliche Persönlichkeitszüge nebeneinander bestehen, in welcher Entwicklungsphase zum Beispiel Nähe vorherrscht, welche Veränderungen in der weiteren Entwicklung eintreten und wie sich diese Geschwister miteinander identifizieren.

Therapeutisch aufschlussreicher sind deshalb Beobachtungen zu Wechselwirkungen zwischen Geschwisterbeziehung und Peergruppe: Ein siebenjähriger Junge hat seine eigentlich dem jüngeren Bruder geltende Wut, dem gegenüber er sich zurückgesetzt fühlt, auf einen vierjährigen Jungen in seiner Tagesstättengruppe übertragen. Er attackiert ihn heftig und entlastet dadurch die Geschwisterbeziehung. Erst im Kontext der Geschwisterinteraktionen *und* der Peerinteraktionen wird die Affektregulierung des Siebenjährigen verständlich.

Es ist aber nicht immer so, dass Kinder ihre Geschwistererfahrungen in der Peergruppe fortsetzen und wiederholen und so zirkulär verstärken. So war in der Forschung angenommen worden, gesellige und umgängliche Kinder seien in ihrer Bezugsgruppe beliebter als ihre eher schüchternen, ängstlicheren Geschwister. Es lässt sich aber ebenso beobachten, dass solche schüchternen Kinder gute Erfahrungen in der Bezugsgruppe machen und dass dies einen positiven Effekt auf ihr Selbstvertrauen im Umgang mit ihren Geschwistern hat (Dunn/Plomin 1996; Kramer/Kowal 2005; Gass et al. 2007; Voorpostel/van der Lippe 2007; zu Wechselwirkungen zwischen Geschwistern und »romantischen Partnern« – das sind die, in die man sich verliebt – siehe: Seiffge-Krenke 2009).

Die einfache Vorstellung einer auf das innerfamiliäre Feld reduzierten »einzeitigen« (nur die frühe Kindheit) oder »zweizeitigen« Entwicklung (frühe Kindheit und Adoleszenz) und nachfolgenden Konstanz (Daueridentifikationen ohne Umbau) ist Vergangenheit. Heute bietet am ehesten die Familientheorie eine Orientierung: Die psychische Entwicklung vollzieht sich kontextuell im Rahmen der Familie im Zusammenspiel der vertikalen und horizontalen Hauptachse. Die Teilidentitäten (Familienidentität, Geschwisteridentität) werden ständig überarbeitet; inner- und außerfamiliäre Beziehungen beeinflussen sich gegenseitig. Zwischen den Geschwistern setzen sich die (oben dargestellten) Prozesse fort, durch die sich die Geschwister unterscheiden: Sie kooperieren, sie rivalisieren, sie partizipieren gegenseitig.

Eine wichtige Rolle spielen *Übergänge* im Lebenslauf von Geschwistern, sie treiben die Entwicklung an. So wird zum Beispiel ein jüngerer Bruder von einem Tag auf den anderen »sauber« (elterliche Bemühungen fruchteten nichts), weil er wie die ältere Schwester in den Kindergarten gehen will. Die *Einschulung* stellt für das jüngere und für das ältere Geschwister eine Zäsur dar und verlangt dem jüngeren den Umbau seiner Identität ab: »Meine Schwester ist liebenswert als Schulkind, ich bin es als

Vorschulkind.« Die ältere Schwester gewinnt (für eine Weile) Abstand, Überlegenheit und wird vielleicht sicherer; der Jüngere wird neugierig auf die Schule, profitiert von der Älteren, genießt aber auch die Vorzüge des Kleineren. So werden Unterschiede betont und beide Geschwister haben möglicherweise (eine Weile) einen größeren Entfaltungsspielraum. Das Ende einer Kinderfreundschaft durch einen Umzug der Familie kann für den Bruder im Vorschulalter der erste schmerzvolle Abschied im Leben sein, für die Schwester im Kleinkindalter ein beiläufiges Ereignis.

Uns mag heute die Aufmerksamkeit auf solche Ereignisse selbstverständlich erscheinen, in einer vertikal geprägten Gesellschaft wie der zu Beginn des 20. Jahrhunderts wurden andere Akzente gesetzt: »In einem wohlgeordneten Herzen nimmt die Freundschaft einen ehrenvollen Platz ein, doch hat sie nicht den Glanz und das Geheimnis der Liebe noch die geheiligte Würde kindlicher Anhänglichkeit [an die Eltern]. Ich stellte diese Hierarchie [damals noch] keineswegs in Frage« (de Beauvoir 1968, S. 89). »Durch die Herablassung der Erwachsenen werden alle Kinder als eine Gattung angesehen, deren einzelne Individuen einander vollkommen gleichen: nichts ärgerte mich mehr« (ebd., S. 57f.).

Geschwister identifizieren sich fortgesetzt miteinander, lösen diese Identifikationen wieder auf und identifizieren sich neu. Und sie ziehen ständig ihre Kurven hin und her zwischen dem Wunsch, einander ähnlich zu sein, und dem anderen Wunsch, sich voneinander zu unterscheiden. So kommen sie gut trainiert in der Adoleszenz an – der »heißen Phase«, in der eben diese Prozesse bis zu extremer Ausprägung eskalieren können.

## Adoleszenz

Auf der einen Seite identifizieren sich Jugendliche mit Gleichen, die Ablösung von den Eltern geht einher mit einer Horizontalisierung der Identitätsbildung. Da ist beispielsweise eine 14-Jährige, der es furchtbar peinlich ist, jetzt ein Schwesterchen bekommen zu haben. Sie erzählt in der Schule nichts davon, weil sie sich schämt, den Säugling im Kinderwagen spazieren zu fahren. Sie identifiziert sich nicht mit der Mutterrolle (und es »schüttelt« sie beim Gedanken an ihren Vater als Traumpartner), sondern mit den Gleichaltrigen ihrer Bezugsgruppe.

Eine Adoleszente will nicht sein wie ihre Mutter, sondern wie der bewunderte Star oder wie die attraktive ältere Schwester, stürmisch bis zur Verschmelzung (Verleugnung der Verschiedenheit): »Ich wollte so sein wie meine Schwester, ich wollte, als sie dann so ihre ersten Beziehungen hatte, gerne eigentlich so einen Freund haben wie sie« (Hubert 2010/3, S. 6). Davon ist die Ältere oft wenig begeistert und fühlt sich von der kleinen Schwester belästigt.

Demgegenüber entwickeln Jugendliche aufgrund des adoleszenten Narzissmus ein ebenso starkes Bedürfnis nach Einmaligkeit und Abgrenzung bis hin zur Verleugnung der Verbundenheit. Hieraus ergibt sich eine Folgerung für die Diagnostik bei Jugendlichen: Werden Geschwister nicht als beziehungsrelevant erlebt oder gar nicht erwähnt, lässt sich daraus nicht auf eine fehlende oder schwache Geschwisterbeziehung schließen. Es kann sich entweder um eine Überidentifizierung handeln (»Wir sind total ähnlich«) oder um eine übermäßige Abgrenzung (»Wir haben nichts miteinander zu tun«), also um zwei Seiten derselben Dynamik. Ich würde die eine wie die andere Zuspitzung nicht gleich für eine pathologische Abwehr halten (Wellendorf 1995), sondern fragen, ob sie bei der vehementen adoleszenten Identitätssuche der Ausbalancierung dienen.

> Eine Familie mit drei Kindern unternahm bisher viel gemeinsam in der Freizeit, für alle zählten wie selbstverständlich gemeinsame Werte wie nüchterne Sachlichkeit oder unprätentiöses, im Äußeren saloppes Auftreten. Mit der Pubertät entwickelt die jetzt 15-jährige Schwester plötzlich ein extremes Modebewusstsein, macht sich übermäßig zurecht, probiert hochmodische Kleidchen und Stöckelschuhe und gibt dafür ihr ganzes Geld aus. Vieles davon hält sie vor ihren 17 und 18 Jahre alten Brüdern geheim, weil die sie verständnislos auslachen würden. Die Brüder laufen nach wie vor in ihren ausgefransten »Klamotten« herum und nehmen die Schwester wie bisher in gemeinsamer Begeisterung zu ihrem Extremsport Klettern mit.

Das Besondere ist, dass sich die Schwester nur für sich selbst wie in Trance neu ausprobiert, sie stellt sich nicht gegen die Brüder und stylt sich (vorerst) narzisstisch für sich allein, ohne Interesse für ihre (aufreizende) Wirkung auf Jungen.

Obwohl die Eltern ratlos über »diesen schwierigen Weg« ihrer Tochter sind und besorgt darüber, wie diese mit ihren übertrieben weiblichen Accessoires auf Außenstehende wirken mag, ist ihr über Nacht entstandenes extremes Verhalten doch als vorübergehende Phase aufzufassen, um sich von der Familie, besonders aber von ihren Brüdern abzugrenzen und ihre weibliche Identität zu erproben.

Umgekehrt lassen sich viele Adoleszententherapien mit Identitätskrisen auf eine geschwisterliche Überidentifizierung fokussieren.

Die 17-jährige Beate wurde wegen schwerer Selbstwertzweifel, hypochondrischer Symptome und eines Berufsfindungskonflikts psychotherapeutisch behandelt. Hinter ihrem Lebensgefühl »Ich bin überflüssig« kam erst nach längerer Zeit zur Sprache, dass Beate und ihre ein Jahr jüngere Schwester über die letzten Jahre für Außenstehende geradezu als Zwillinge galten. Die jüngere Schwester nahm sich ihre Kleider, ließ sich an den gleichen Stellen piercen, kopierte Frisur und Haarfarbe der Schwester, erklärte den gleichen Pop zu ihrer Lieblingsmusik und spielte durch intensiveres Training besser Tennis. Vor allem drängte sie sich, auch per Handy, in Beates Kontakte mit ihren Freunden, spannte ihr den einen aus, beim anderen war sie wie als Beates Doppelgängerin überall dabei.

Die Eltern reagierten eher amüsiert, für die Peers verwischten sich die Unterschiede zwischen den Schwestern, und Beate erstickte förmlich in der Umklammerung ihrer Doppelgängerin, die ihr mit dem gleichen Berufswunsch Ärztin auch noch eine eigene Zukunft wegnahm. Beate erlebte die Situation wie eine Wiederholung der kritischen Phase, wenn die neugeborene jüngere Schwester der älteren wie ein Klon vorkommt.

Dass die Schwester anfänglich im Therapiegespräch gar nicht erwähnt wurde, entsprach dem zunächst nur unbewusst zugelassenen Wunsch, in der Therapie einen eigenen Platz zu finden, den Beate nicht mit der Schwester teilen musste. Bei dieser Entwicklung kann sich die gegenläufige adoleszente Dynamik zwischen dem Wunsch nach Ähnlichkeit und dem Wunsch nach Abgrenzung zwischen beiden Schwestern nicht austarieren, sondern polarisiert sich wie in einer Jagd zwischen Verfolgerin und Verfolgter.

Indiziert war hier eine Psychotherapie für die »Verfolgte«, in deren Verlauf eine Einbeziehung der »Verfolgerin« zur eigenen Reflexion und zur Verständigung zwischen den Schwestern beitrug.

Die Adoleszenz stellt Jugendliche vor die Entwicklungsaufgaben, sich sowohl von den Eltern als auch von den Geschwistern zu lösen (und jeweils neue Beziehungen zu ihnen zu finden) sowie die Geschwister in die eigene Individuation, die neu entstehende Identität zu integrieren. Dies erfordert eine intensive Beziehungsarbeit. Von der Kindheit bis zur frühen Adoleszenz (zwölftes Lebensjahr) sind im horizontalen Beziehungsfeld Geschwister die wichtigsten Partner für Intimität und vertraulichen Austausch. Dann verlagert sich der intime Austausch hin zu den Peers, den Freunden und den romantischen Partnern (Seiffge-Krenke 2009). Dieser Umbruch kann zwischen Geschwistern dramatisch ablaufen, mit Verwirrung, Kränkung, Wut, Trauer und Trennungsschmerz bis zur (zeitweiligen) Entfremdung.

Simone de Beauvoir schreibt in ihrer Autobiografie über sich und ihre jüngere Schwester:

> »Indessen hatten sich unsere Beziehungen etwas gewandelt, seitdem ich Zaza kannte; ich schwor einzig und allein auf meine junge Freundin […]. Meine Schwester war darüber so unglücklich, daß sie versuchte, sich ganz von mir loszulösen […]. Mich aber reizte es, daß sie jetzt – wenn auch nur ganz schüchtern – darauf Anspruch erhob, mit mir zu rivalisieren, mich zu kritisieren und sich von mir unabhängig zu machen […]. Indessen söhnten wir uns immer schließlich wieder aus, wir brauchten eins das andere. Wir hatten die gleiche Art, unsere Kameradinnen […], die Familienmitglieder zu beurteilen; wir verbargen einander nichts und fanden noch immer das gleiche Vergnügen am gemeinsamen Spiel« (de Beauvoir 1968, S. 94f.).

Wir können den Vorgang auch andersherum sehen: Dritte helfen von außen den Geschwistern bei dem Reifungsschritt der Ablösung. Ich möchte das an einer Episode aus dem Grimm'schen Märchen *Die weiße und die schwarze Braut* verdeutlichen (vgl. Sohni 1999b):

Reginer und seine Schwester sind einander sehr nahe. »Liebe Schwester, ich will dich abmalen, damit ich dich beständig vor Augen sehe; denn meine Liebe zu dir ist so groß, dass ich dich immer anblicken möchte.« Da antwortete sie: »Aber ich bitte dich, lass niemand das Bild sehen.« Er malt seine Schwester, hängt das Bild in seiner Stube auf und steht jeden Tag davor. So gehen beide intim miteinander um, lustvoll und auch erotisch – in einem geschwisterlichen Entwicklungsraum. Diese exklusive Zweierbeziehung kann aber in eine Sackgasse führen, in eine Fixierung aneinander, in eine inzestuöse Regression. Dann bleiben Bruder und Schwester aneinander gebunden und tun sich schwer mit dem Entwicklungsschritt hin zu außerfamiliären Sexualpartnern (»twinning« bei Volkan/Ast 1997) In der belletristischen Literatur finden sich solche Muster etwa in: J.W. v. Goethes Einakter *Die Geschwister*, in B. Reimanns *Geschwister*, H. Hesses *Eine Sonate*, D. Lessings *Einander*).

In diesem Märchen haben die Geschwister Vater und Mutter verloren, daher fehlt ihnen ein intergenerationales Modell für eine Paarbeziehung. Es ist ein Unterschied, ob Bruder und Schwester ein Paar spielen *wie* die Eltern oder *anstelle* der Eltern. Die kurze, erotisch getönte Episode zwischen Reginer und seiner Schwester geht zu Ende, indem der Bruder den König das Bild seiner schönen Schwester sehen lässt, der sich natürlich in dieses Bild verliebt (andere Märchen der Brüder Grimm zeichnen dieses geschwisterliche Erkundungsfeld inzestnäher: *Brüderchen und Schwesterchen*, *Die sieben Raben*, *Die zwölf Brüder*). In einem harten Stück Trennungsarbeit und psychosexueller Reifung, separat beim Bruder wie bei der Schwester, erreichen beide eine außerfamiliäre partnerschaftliche Beziehungsfähigkeit *und* sie bleiben miteinander in Beziehung.

Behinderte Jugendliche und ihre Geschwister schaffen häufig diese Ablösung nicht. Der Film *Höhenfeuer* (1985) des Schweizer Regisseurs Fredi M. Murer zeigt eine hochdramatische Inzestgeschichte zwischen einer Schwester und ihrem gehörlosen Bruder auf einer einsamen Alp. Auch chronisch kranken Jugendlichen fällt eine Ablösung von den gesunden Geschwistern oft schwer. Sie hängen an deren Verständnis und Fürsorglichkeit (Seiffge-Krenke 2000).

Die besondere Herausforderung im Prozess der Ablösung zwischen Geschwistern in der Adoleszenz liegt darin, dass die bisherige Vertrautheit, Intimität, Verbundenheit, das gewohnte Miteinander im gemeinsamen Aufwachsen infrage gestellt werden und in eine Distanz rücken – wird im zweiten Schritt der Bruder bzw. die Schwester in das neu entstehende Selbstbild integriert oder driften die Geschwister auseinander?

Dazu noch einmal Simone de Beauvoir: Nach zeitweiliger Entfremdung hielt allein ihre Verbundenheit mit der Schwester dem sonstigen existenziellen Umbruch stand. Sie schreibt: »Wir wanderten durch Paris, während wir die Unterhaltung fortsetzten, die mit unserem ersten Stammeln ihren Anfang genommen hatte; wir setzten sie noch im Bett vor dem Einschlafen fort und auch noch am folgenden Tage […]. Sie nahm an allen meinen Freundschaften, meinen Bewunderungen und Besessenheiten teil« (de Beauvoir 1968, S. 286).

In einer Geschwisterbeziehung beispielsweise zwischen einem älteren Bruder und einer jüngeren Schwester profitierte diese bisher vielleicht vom sicheren Auftreten ihres Bruders, der sich in Auseinandersetzungen schützend vor sie stellte und dem eine offensive Haltung leichter fiel – schließlich lernt sie, selbst so aufzutreten. Sie braucht dann ihren Bruder nicht mehr wie bisher, dafür kann ihre Beziehung zueinander »gleicher« werden.

Es liegt auf der Hand, dass die mit dem Umbruch der Adoleszenz verbundene Chance einer Umwandlung nicht immer sofort realisiert wird. Lernt die Schwester jetzt in der Postadoleszenz oder als junge Erwachsene nicht gleich, selbst sicher aufzutreten, bleibt sie in diesem Persönlichkeitszug an den Bruder fixiert und wiederholt vielleicht dasselbe Muster, indem sie sich einen Partner sucht, der sicher auftritt und von dem sie profitieren kann wie früher vom Bruder – der seinerseits würde das Muster wiederholen, wenn er sich eine von ihm abhängige Partnerin sucht. Psychodynamisch gedacht besteht für die Schwester jederzeit die Aufforderung: »Bleibe nicht abhängig, werde selbst sicher.« Wesentlich ist für das Gelingen einer positiven Geschwisterbeziehung nach den

Turbulenzen der Adoleszenz, dass sich mit der eigenen individuellen Reifungsarbeit (Auflösung von Fixierungen) die Nähe zum Bruder bzw. zur Schwester nicht verflüchtigt, sondern der Raum für eine emotionale Verbundenheit so gerade entsteht.

Die Adoleszenz stellt mit ihrem Identitätsumbruch wie keine andere Zeit eine kritische Phase für Geschwisterbeziehungen dar. Die Ablösung von den Geschwistern ist ebenso existenziell wie die von den Eltern, weil mit ihr das gemeinsame Leben als Kinder und der intime Austausch in der bisherigen Selbstverständlichkeit enden und mit der bisherigen Geschwisteridentität ein Kernbereich der Persönlichkeit eingeschmolzen wird. Das erfordert Trauer und führt beim jüngeren Geschwister oft zu schmerzlicher Verwirrung und Kränkung. Gleichzeitig besetzen Peers übergangslos die bisher von Geschwistern eingenommenen äußeren und inneren Plätze, was diese Geschwister oft als Verrat empfinden.

Aus einem anderen Blickwinkel betrachtet verhelfen außerfamiliäre Dritte den Geschwistern beim notwendigen Prozess der Distanzierung. Besonders bei der psychosexuellen Reifung sind Dritte als »Entwicklungshelfer« bedeutsam. Dabei kann es gerade zwischen einem Bruder und einer Schwester zu Verletzungen und zu Konflikten kommen, wenn sich eines der Geschwister aus der geschwisterlichen Intimität löst und einem »romantischen Partner« zuwendet.

Am Ende der Adoleszenz kommt es zu der für das spätere Geschwisterleben entscheidenden Entwicklung: Wird der Bruder oder die Schwester in die eigene, sich hier neu bildende Identität reintegriert und erhält sich so doch eine Kontinuität des Vertrautseins aus der Kinderzeit oder verlieren sich die Geschwister aus den Augen?

### Spätere Lebensphasen

Zum Leben nach der Adoleszenz suchen wir – bis auf Aussagen zum Geschwisterthema in Erwachsenenpsychotherapien – vergeblich nach konzeptuellen Hinweisen aus der Psychoanalyse. Weil Langzeitstudien fehlen, sieht es in der »Entwicklungspsychologie der Lebensspanne« (»lifespan«) nicht viel besser aus. Sie betont, dass alle Menschen im Laufe ihres Lebens Erfahrungen ansammeln und diese Erfahrungen zunehmend für die Unterschiede zwischen den Geschwistern verantwortlich sind. Umwelteinflüsse gewinnen demnach an Bedeutung, genetische Faktoren verlieren an Einfluss.

Das größte Forschungsdefizit besteht für den Übergang von der Adoleszenz zum jungen Erwachsenenalter (Conger/Little 2010). Hervorgehoben wird vor allem die Bedeutung von Zäsuren, Übergängen im Lebenslauf. Dabei gilt als belegt, dass der Zeitpunkt des Eintritts in die Arbeitswelt oder der Heirat anhaltende Auswirkungen auf den späteren Lebensverlauf hat, dass aber zugleich diese Zeitpunkte von der Persönlichkeit des Individuums mitbestimmt werden. Für den Vergleich zwischen Geschwistern ist interessant, dass sich mit jeder Bewältigung von Übergängen das gleiche individuelle Verarbeitungsmuster verstärkt (»kumulative Kontinuität«) – das kann zur Entwicklung des Lebens der Geschwister in ganz verschiedene Richtungen beitragen.

Die ältere Lebensspanne-Forschung beschrieb die Abfolge recht klischeehaft: Nach der Adoleszenz gehen die Geschwister auf Distanz; im mittleren Erwachsenenalter verlieren sie sich, mit Karriere und Familiengründung beschäftigt, aus den Augen; im späteren Erwachsenenalter und höheren Alter suchen sie dann wieder mehr Nähe zueinander (Bedford 1993). Neuere Studien lassen ein bunteres Bild entstehen; zum Beispiel verbringen Geschwister als junge Erwachsene zwar weniger Zeit miteinander gegenüber früher als Jugendliche, erleben sich aber in einem dichteren emotionalen Austausch mit weniger Konflikten (Scharf et al. 2005). Schwestern *und* Brüder telefonieren häufiger und länger mit Schwestern als mit Brüdern, und das tut ihnen offenbar gut (gemessen an der Häufigkeit von Depressionen, vgl. Tannen 2010).

Aber die gängige Erklärung für die kommunikativen Muster entpuppt sich wieder als Klischee. Schwestern reden im Vergleich mit Brüdern nicht unbedingt häufiger oder überhaupt über Emotionen, sondern mit ihnen lässt sich einfach »leichter« plaudern, auch über Banales (Tannen 2010). Der angeblich geringe Austausch im mittleren Erwachsenenalter spiegelt nach meiner Einschätzung eher eine Forschungslücke wider – in meinen Selbsterfahrungsgruppen ergibt sich vielmehr das Bild eines intensiven Austauschs in jungen Familien.

Das Verhältnis zwischen Geschwistern kann sich mehr als durch alle bisherigen Lebensumstände radikal ändern, wenn erstmals eines von ihnen Mutter oder Vater wird. So wird der Bruder zum Onkel, die Schwester zur Tante, durch ihre neuen Beziehungen zu Neffen und Nichten wie zu Schwager und Schwägerin entstehen völlig neue Familien, und die Geschwister stehen sich neu gegenüber!

Aus psychoanalytischer Sicht stellen lebensgeschichtliche Zäsuren *mögliche* Gelegenheiten dar, die individuelle Reifung anzustoßen und die Geschwisterbeziehung in Bewegung zu bringen. Dabei sind die Zäsuren ganz unterschiedlicher Art. Der Auszug eines Geschwisters aus der Herkunftsfamilie kann sozial beziehungsweise familiendynamisch bedingt sein. Oberflächlich mag die Wahl eines besonders entfernt gelegenen Studienorts rational wirken, das tiefere Motiv kann sein, der Enge der Familie zu entkommen. Eine Patientin berichtete, Studienorte kamen für sie erst ab einer mit dem Zirkel auf der Landkarte gezogenen Mindestabstands von 500 Kilometern infrage. Nach meiner Erfahrung ist es in Psychotherapien wichtig, dabei nicht nur das Bedürfnis nach Distanzierung von den Eltern im Blick zu haben, sondern ebenso auch die Auswirkung auf die Geschwisterbeziehung.

In die Partnerwahl gehen frühere Konflikte, Fixierungen und Wiederholungstendenzen ein, insgesamt stärker aus Geschwistererfahrungen motiviert als aus Erfahrungen mit den Eltern. Familiengründung und Elternschaft bringen das bisherige Gefüge zwischen den Geschwistern durcheinander, auch neue Konflikte mit Neid und Eifersucht können entstehen, wenn ein Geschwister kinderlos bleibt. Partnerschaftskonflikte können die Beziehung zum Bruder beziehungsweise zur Schwester belasten oder über intensiven Austausch die Geschwister (wieder) einander näher bringen.

Lebendige Geschwisterbeziehungen sind nicht statisch, sondern verändern sich bis ins hohe Alter. Lassen sie keinen Wandel erkennen, deutet das eher auf eine Erstarrung hin, eine Fixierung.

Bei Menschen ab dem mittleren Erwachsenenalter (30. bis

50. Lebensjahr), im privaten wie im professionellen Umfeld, stoße ich beim Thema »Geschwisterbeziehungen« immer wieder auf ein spontan geäußertes Interesse an einer Veränderung des bestehenden Verhältnisses, auf den Wunsch nach (Wieder-)Annäherung. Geschwister sind in derselben Epoche über die Jahre und Jahrzehnte hin unterwegs, als Gefährten teilen sie eine Bandbreite von Erfahrungen wie in keiner anderen Langzeitbeziehung, und sie werden nie ohne Beschädigungen den klippenreichen Weg zurücklegen, in diesem oder jenem Konflikt sind sie immer stecken geblieben. Daher erscheint es mir angebracht, Überlegungen im vortherapeutischen Feld anzustellen, wie in stagnierende Geschwisterbeziehungen Bewegung kommen kann.

Häufig klagen Erwachsene, sie selbst sehnten sich nach einer neuen Verbindung zum Geschwister, »aber der andere hat ja kein Interesse«. Nach meiner Erfahrung lohnt es sich dabei immer, erst einmal die eigene Einstellung und Motivation näher zu beleuchten. Dazu ein Beispiel:

> Ein Bruder und eine Schwester, beide jetzt Mitte dreißig, hatten sich auseinanderentwickelt. Als Kinder erlebten sie zerstrittene Eltern, aber keine (kompensatorische) Geschwistersolidarität. Selbst ihre Erinnerungen an die Zeit, in der sie es noch gut miteinander hatten, empfanden beide Geschwister als »nachträglich zerstört«. Mit der Trennung der Eltern wurden auch sie getrennt. »So fehlten uns die Jahre [der Adoleszenz], wo wir wieder hätten zusammenfinden können«, meinte der Bruder.
>
> Während die Schwester sich immer wieder in ihre Mutter einfühlen musste und sich schwer abgrenzen konnte, entwickelte der Bruder eine Schroffheit, die ihm erlaubte, sich von den Eltern offensiv abzugrenzen und sich innerlich wie äußerlich abzusetzen. Die Schwester hätte gern etwas von dieser offensiven Fähigkeit gehabt, traute aber umgekehrt auch dem Bruder ihre eigene Einfühlsamkeit nicht zu. Sehnsucht nach Wiederannäherung sprach sie nur sich selbst zu.
>
> Über einen Reflexionsprozess in einer mehrjährigen Selbsterfahrungsgruppe änderte sich ihre Wahrnehmung des Bruders: Auch er zeige Interesse und Gefühl für die geschwisterliche Annäherung, nur anders als sie, eben auf seine Art. Dieser Wandel in der eigenen Wahrnehmung schaffte bereits mehr Nähe und die Chance für eine weitere Annäherung.

Auch bei der fast schon stereotypen Behauptung »Erst wenn die Eltern einmal nicht mehr da sind, kann sich zwischen uns Geschwistern etwas ändern!« lohnt es sich, die eigene Position zu reflektieren. Längst ist die lebensgeschichtliche Situation der Geschwister und der Eltern eine ganz andere, und das Hochhalten eines solchen Spruchs kann jetzt bedeuten, dass sich mindestens ein Geschwister mit der elterlichen Zuschreibung identifiziert und selbst diese Vertikalisierung stützt. Oft versteckt sich dahinter ein uneingestandener, tiefer Wunsch an den Bruder oder die Schwester aus Kindertagen: »Eines Tages ist es so weit, dann musst du stillhalten und endlich so sein, wie ich dich haben möchte.«

Die eigenen Eltern werden alt und pflegebedürftig, die Mutter oder der Vater stirbt, die Versorgung des überlebenden Elternteils ist zu regeln, dann stirbt auch dieser, die Erbregelung ist auszuführen, die Wohnung aufzulösen – an dieses Szenario denken die meisten Menschen als Auslöser von Auseinandersetzungen zwischen erwachsenen Geschwistern. Hier kommt einiges zusammen. Es ist vielleicht die erste gemeinsame Aufgabe für die Geschwister seit langer Zeit, unter inzwischen neuen Bedingungen, nämlich im Sinne einer Horizontalisierung der Familienverantwortung von den Eltern auf die Geschwister. Schlummerten alte Geschwisterkonflikte bisher, so brechen sie jetzt mit Sicherheit wieder auf.

Im Testament überraschen die Eltern ihre Kinder nicht selten mit einem letzten vertikalen Donnerschlag. Die kürzlich verstorbene Familientherapeutin Evan Imber-Black erinnerte sich an eine Kollegin, die in einer lesbischen Partnerschaft lebte. Ihr Vater änderte nach dem Tod der Mutter das elterliche Testament, jetzt sollte diese Tochter (zur Strafe für ihre Homosexualität) nur 10 Prozent erben, die beiden anderen Geschwister die anderen 90 Prozent. Die drei Geschwister arbeiteten dieses vertikale Vermächtnis konstruktiv auf: Sie gründeten einen Fonds für junge lesbische Erwachsene, die von ihren Familien ausgestoßen worden waren (Imber-Black 2008).

Für die Geschwister tut sich mit diesem Szenario auch eine Chance auf. Wie kann diese aussehen? Geschwister müssen nicht abwarten, bis Vater und Mutter sterben, um sich wieder einander anzunähern. Ich halte es für besonders wichtig, dass wir als Psychotherapeutinnen und Psychotherapeuten (und vielleicht ja auch als Geschwister) selbst schon auf erste leise Signale achten. Greifen wir sie auf? Versuchen wir, unsere Klienten und Patienten zu einer Krisenintervention oder psychotherapeutischen Begleitung zu motivieren, einen geschwisterlichen Austausch auf den Übergang mit Alter und Tod der Eltern hin zu beginnen? Eines ist sicher: Wenn erst die dramatischen Ereignisse eintreten, vermischen sich alte Konflikte, vernachlässigte Veränderungen und gegenwärtige Aufgaben, und dann ist alles meistens viel schwerer zu lösen.

Doch das soll nicht abschrecken, das Altersszenario der Eltern als Chance für ersehnte positive Veränderungen zu sehen: Zwischen zwei Schwestern war durch eine Reihe kränkender Auseinandersetzungen eine wachsende Distanz entstanden. Die Mutter beider Schwestern entwickelte eine rasch zunehmende Demenz, worauf die eine Schwester beherzt handelte und stationären Klinikaufenthalt, Pflege und Unterbringung der Mutter in die Hand nahm. Dieses entschiedene Auftreten imponierte der anderen Schwester, sie konnte diese Fähigkeit und Leistung ihrer Schwester würdigen, und beide fanden zu einem neuen intensiven Kontakt.

Die Horizontalisierung der Familienstruktur mit Verlagerung der Zuständigkeit von den Eltern auf die Geschwister ist eine gewaltige Veränderung und wird leicht unterschätzt, weil sie lange Zeit unmerklich vor sich gehen kann, ohne äußere Umbrüche. Abnehmende Kräfte der Eltern werden aber auch oft verleugnet, gleichzeitig gibt es vielleicht viele bilaterale Kontakte mit den Eltern, die vor den anderen Geschwistern verborgen werden. Vielleicht gibt es insgeheim Versuche verschiedener Geschwister, in einem verdeckten Rivalisieren beim Vater oder bei der Mutter das Lieblingskind zu bleiben (oder spät noch zu werden)? Das alles überrascht nicht, die alten Muster werden ausprobiert. Die Frage ist vielmehr, ob wir weiter verleugnen oder aufmerksam werden und bereit sind, uns der Aufgabe zu stellen.

Dem wachen Blick bieten sich verschiedene Möglichkeiten. Die Eltern selbst können ihren Kindern Erbregelungen und Vollmachten vorschlagen und erläutern. Die Geschwister tauschen sich aus: »Das müssen wir künftig in die Hand nehmen.« Die Informationszentrale der Familie kann sich von den Eltern zu einem Geschwister hin verlagern. Zum weihnachtlichen Familientreffen lädt erstmals eines der Kinder ein. Die Geschwister treffen sich jährlich reihum zum Geschwistertag oder unternehmen eine gemeinsame Reise. Die »ältere Schwester« streift ihre Rolle selbst ab und vermittelt das ihren Geschwistern. Eine Schwester akzeptiert nicht mehr, dass ihr Bruder sie bevormundet. Das alles ist nicht als Rezept gemeint, sondern als Hinweis: Es geht darum, einen Veränderungsprozess rechtzeitig aktiv zu beginnen und auf die bereitstehenden Möglichkeiten aufmerksam zu werden.

Im hohen Alter leben Geschwister (nicht ohne vorangehende beiderseitige Annäherungsbemühungen mit Klärung der Autonomiebereiche) häufiger wieder in einem gemeinsamen Haushalt. Die einen behalten Muster ihrer Auseinandersetzungen bei, die sie schon als Kinder einübten (eine plastische und dabei hautnahe Dokumentation findet sich in Douglas Wolfspergers Film *Bellaria – So lange wir leben!* von 2001), andere verändern sich bis zuletzt miteinander (Katrin Seebacher zeichnet in ihrem bemerkenswerten Roman *Morgen oder Abend* das Verschwimmen von Erinnerung und Gegenwart zwischen zwei hochbetagten Schwestern nach).

Im Alter bietet sich Geschwistern im gemeinsamen Austausch eine besondere Chance. Ihre wechselseitige Beziehung zieht sich ja über alle Lebensphasen hin und so kann ihnen im Rückblick auf ihr Leben manches in ihrer Beziehung, manches im eigenen Lebensentwurf klar werden. Sie sollten die Chance nutzen – ein Hinweis aus der Erfahrung, dass es häufig erst nach dem Tod eines Geschwisters zu dieser Zeitreise kommt:

> »Durch den Tod wurde mir dann auch erst bewusst, in welchen Situationen wir, auch […] ohne darüber zu sprechen, vielleicht eine gewisse Ähnlichkeit hatten und schon auch […] so eine grundlegende Liebe, über die man vielleicht […] nicht nachdenkt. Wenn er weg ist, […] auch in den Gesprächen mit seiner Frau, also mit meiner Schwägerin, da wurden dann solche Dinge noch einmal ganz präsent, dass ich eigentlich zu meinem Bruder schon eine ganz enge Bindung hatte« (Hubert 2010/3, S. 13f.).

## Geschwisterdynamik in der Psychotherapie

Inzwischen kennen wir zwar die zentrale Bedeutung der Geschwisterbeziehungen für die psychosoziale Entwicklung, aber auch heute noch tun wir uns in der Psychotherapie mit der Geschwisterdynamik schwer. Sie bewegt sich in einem Spannungsfeld zwischen emotionaler Nähe, Vertrautheit, wechselseitiger Bezogenheit sowie Abgrenzung, Konkurrenz, Neid und Rivalität. Geschwisterbeziehungen bleiben in ihrer lebenslangen Entfaltung und in ihren Herausforderungen nie störungsfrei; die Geschwisterdynamik kann auch negativ bis traumatisch verlaufen, und das lebenslang.

In der Psychotherapie geht es darum, die horizontale, geschwisterliche Dynamik aufzunehmen, die »unbewussten Geschwister« in Übertragungs- und Gegenübertragungsprozessen wiederzubeleben und in deren Bearbeitung nutzbar zu machen. Wie können Geschwister trotz gestörter Familien- und Geschwisterdynamik als Ressource hilfreich werden? Erste Voraussetzung ist, dieses Ziel in unserer therapeutischen Haltung überhaupt präsent werden zu lassen.

Wenn in Therapien ein entwicklungsgestörtes Kind vorgestellt wird, heißt es, unser Wissen über Geschwisterbeziehungen anzuwenden. Ein Kind mit gewaltbereitem Verhalten kann zum Beispiel jüngeres Geschwister sein, das die Gewalttendenz seines älteren Bruders verinnerlicht hat. Eine Behandlung ist dann, im Rahmen der Familiendynamik, für das *ältere* Kind indiziert. Oder die Beziehung eines Kindes zu seinen Eltern ist gestört, etwa in Form einer Ersatzpartnerschaft (das Kind als

Partnerersatz) oder in Form einer Parentifizierung (das Kind übernimmt den Elternpart gegenüber einem Elternteil oder gegenüber Geschwistern).

Ein Kind ist in diesen Situationen nicht nur in seiner individuellen Entwicklung oder nur in seinem vertikalen Bezug gestört, sondern immer auch in seinem *geschwisterlichen Entwicklungsfeld* – ihm fehlt sowohl elterliche Geborgenheit als auch die Entfaltung einer Geschwisteridentität! Nur wenn wir als Therapeuten auch die verlorene Geschwisterbeziehung als Leidensdruck spüren, werden wir nicht nur die Unterstützung eines Kindes als Therapieziel sehen, sondern es wird auch unsere Lust und Fantasie geweckt, in der therapeutischen Arbeit die Geschwisterebene wiederzufinden und die Dynamik der Geschwisterbeziehung freizusetzen für einen kreativen Prozess. Indikator für eine gestörte Dynamik können auch Schuldgefühle sein, die über ein Betrauern des Verlorenen in Sehnsucht umgewandelt werden wollen.

Die Eltern werden in die therapeutische Arbeit in den meisten Fällen mit einzubeziehen sein, im Interesse protektiver Bedingungen für die geschwisterliche Entfaltung. Auf den ersten Blick mag das so aussehen, als komme doch nur alles auf die Eltern an. Noch einmal in aller Deutlichkeit: Wie ein Wagen zum Fahren Sprit braucht, so brauchen Geschwister protektive Eltern für die Entfaltung einer eigenständigen Beziehung. Mit Respekt stelle ich fest, dass heute in der psychosozialen Arbeit und Ausbildung deutlicher als in der Psychotherapie ein Akzent auf präventive Elternarbeit gesetzt wird, damit sich Geschwister lebendig entwickeln können (etwa in Trennungsfamilien). Bemerkenswert finde ich auch, dass Eltern heute selbst häufiger nach solchen Angeboten fragen.

Für das Setting ist zu folgern: Kinder und Jugendliche sind in ihrem Gewordensein und in ihrer aktuellen familiären Situation und Psychodynamik nur im Bezug zu ihren Geschwistern zu verstehen. Bereits diagnostisch sind die Geschwister routinemäßig in *Familiensitzungen* real einzubeziehen (auch wenn nur ein Kind Symptomträger oder nur ein Kind mit den Eltern verwickelt ist). *Elternsitzungen* liefern den vertikalen Kontext, in *Geschwistersitzungen* (oft erst hier) wird der horizontale Kontext evident.

Wie gehen wir vor bei einer Familie, in der Eltern- wie Geschwisterbeziehungen und ihr Zusammenspiel gestört sind? Bei Partnerschaftsproblemen, Trennung und Scheidung der Eltern, überhaupt bei »defizienten« Eltern, neigen wir zu der Annahme, dass dann die Geschwister näher zusammenrücken und »geschwisterlich« den Mangel durch eine engere Bindung aneinander und ein harmonisches Familienleben kompensieren. Das kann so sein (Kompensationshypothese), die Geschwisterbeziehung kann sich aber auch verschlechtern (Kongruenzhypothese):

In der Familientherapie mit einer Scheidungsfamilie standen alle fünf Kinder auf der Seite der Mutter und unterstützten sich gegenseitig – bis zum Auszug des Vaters. Jetzt brach der Streit zwischen den Geschwistern aus, sie wiederholten die elterlichen Muster. Im Rahmen einer alle Beteiligten anstrengenden, horizontal fokussierten Therapie gelang es den Geschwistern, den Wiederholungszwang zu unterbrechen. Der Wunsch nach einer besseren Verständigung half ihnen, Schritt für Schritt ihren aggressiven, destruktiven Umgang in einen konstruktiveren zu verändern, bis sie altersangemessen miteinander rivalisierten (Reich et al. 2007, S. 42–45).

Mit einer anderen Familie bot sich ein anderer Weg an:

In Paarsitzungen mit den Eltern wurde deutlich, wie dürftig deren Leben als Paar war und wie sie als Ersatz für diese Leere ihre Kinder – zwei neun und zwölf Jahre alte Schwestern – emotional missbrauchten (als Themen des Paars wechselten ständig Sorgen um die Kinder, Erschöpftsein von Erziehungsaufgaben und strafendes Eingreifen bei Streit der Kinder). Im getrennten Setting mit Eltern- und Geschwistersitzungen lernten alle zu unterscheiden zwischen Wünschen der Kinder an die Eltern und sich gegenüber als Geschwister sowie zwischen Wünschen der Eltern als Eltern und sich als Paar. Schließlich trauten sich die Schwestern auch, ihre Wünsche (untereinander und an die Eltern) in der Familie auszuprobieren. Der Therapeut hatte mit seinem Vorgehen ein Gespür dafür, dass das geschwisterliche Potenzial zur primären Ressource für den familientherapeutischen Prozess werden konnte, die Paardynamik der Eltern kam erst sekundär durch die Veränderung der Geschwisterdynamik in Bewegung.

In einer Einzeltherapie sind vertikale und horizontale Dynamik oft miteinander verflochten wie in folgender Therapiesequenz. Eine Patientin erinnert sich an eine Familienszene: Im Kinderzimmer, das von vier Kindern bewohnt wurde, lernte sie an ihrem »Arbeitsplatz«, im Bett, fürs Abitur. Ihr Bruder, bereits in der Lehre, arbeitete im selben Zimmer an einer lärmenden Maschine. Nachdem sich der Bruder trotz ihres massiven Protests nicht in seiner Arbeit beirren ließ, zog sie sich resigniert ins Bett zurück. Diese Erinnerung löste während der Therapie bei der Patientin eine tiefe Erschütterung aus. Bisher hatte sie diesen Bruder als »Wegbegleiter« im Dunkel ihrer Jugend empfunden. An dieser Stelle zerrinnt ihr dieses Bild wie eine Illusion. Sie empfindet heftige Wut, die sich erst auf niemanden richtet, dann nimmt wechselweise der Bruder die Züge des Vaters und der Vater die des Bruders an.

Diese Szene wurde so verstanden: Das Bild des Bruders als Wegbegleiter schützte vor der schmerzlichen Wahrnehmung, vom Vater alleingelassen worden zu sein. Die Wut der Frau richtete sich aber nicht »eigentlich« auf den Vater; Bruder *und* Vater gehen vielmehr *beide* verloren. Sie wurden wechselweise in Abwehrfunktion benutzt und vor den anderen geschoben. Erst nachdem sich die Patientin als »ganz allein« empfunden hatte, konnten neue Bilder von Vater und Bruder entstehen.

## Geschwisterübertragungen

Für Therapeutinnen und Therapeuten, die noch immer an der Vorstellung festhalten, dass sich psychische Entwicklung vorrangig in dem frühkindlichen Beziehungsprozess zwischen Kind und Eltern erschöpft, findet psychoanalytische Therapie häufig im Rahmen einer vertikalen Beziehung wie zwischen Eltern und Kind statt. Die therapeutische Beziehung besteht dann zwischen dem Therapeuten als Erwachsenem und dem Patienten als »Kind«. Dieses Modell kennt nur vertikale Übertragungen. Beinahe wehmütig beklagt eine Vertreterin dieser Haltung: »Freud hatte den Akzent auf die Übertragung des Patienten auf den Analytiker gesetzt – es ist dies eine extrem vertikale und ganz und gar nicht ›brüderliche‹ Beziehung« (Heenen-Wolff 2007, S. 555).

## Die Horizontalisierung des therapeutischen Prozesses

Es bedarf einiger Anstrengung, bis von der Position der ausschließlich vertikalen Übertragungen aus ein horizontales Verständnis des therapeutischen Prozesses erarbeitbar ist und damit auch Geschwisterübertragungen ins Blickfeld kommen. Kritik meldete zum Beispiel Mario Erdheim an: »Meint der Psychoanalytiker, daß auf der Couch ein Säugling liege, so kann er zwar seine Angst vor den Aggressionen des Analysanden beruhigen«, er verspiele aber dessen heutige Leistung und Kraft für die Chance einer Veränderung (Erdheim 1993, S. 948).

Am wirksamsten wurde die Horizontalisierung des analytischen Prozesses durch den Diskurs darüber befördert, der Gegenübertragung des Therapeuten mehr Aufmerksamkeit zu schenken:

> »Der ›Mythos der analytischen Situation‹ beginnt schon mit der Behauptung, die Analyse sei eine Angelegenheit zwischen einem Kranken und einem Gesunden. In Wahrheit ist sie eine Angelegenheit zwischen zwei Persönlichkeiten [...]. Mit seiner ganzen Persönlichkeit antwortet sowohl der Analysand als auch der Analytiker auf alles, was in der analytischen Situation geschieht. Die Hervorkehrung der ›Gleichheit‹ soll die Aufmerksamkeit auf die Gefahr lenken, daß bestimmte Überreste der ›patriarchalischen Ordnung‹ in die analytische Situation eindringen« (Racker 1953, S. 156).

Für uns als Psychotherapeuten geht es um jene Haltung, die therapeutische Beziehung als horizontalen Prozess zu verstehen. Das soll zweierlei ermöglichen:

- die gemeinsame Arbeit gleichwertiger Partner von vornherein anzustreben, um so Kinder, Jugendliche und Erwachsene bei emanzipatorischen Prozessen zu begleiten, sowie
- aufmerksam zu werden für Geschwisterübertragungen unserer Patientinnen und Patienten.

Unterstützen kann uns dabei unser Wissen um die Entwicklungskräfte horizontaler Prozesse – jeder Mensch entwickelt sich in

Kernbereichen in vertikalen *und* in horizontalen Beziehungen, jeder hat seine besondere Geschwistergeschichte beziehungsweise horizontale Beziehungsgeschichte.

Die horizontale Übertragungshaltung der Therapeuten verstehe ich als immer wieder verlierbare, wiederzufindende, doch unverzichtbare Haltung, um Kinder, Jugendliche, einzelne Erwachsene, Paare und Familien bei emanzipatorischen Prozessen zu begleiten. Es wäre ein Missverständnis, diese Haltung so zu verstehen, als wiesen Therapeuten eine Elternrolle zurück und nähmen Geschwisterrollen ein – das wäre so, als wollten Eltern lieber Geschwister ihrer Kinder sein und lehnten elterliche Verantwortung ab (König 1993). Beim Bemühen um eine horizontale therapeutische Haltung geht es um das Loslassen eines vertikalen Gefälles aus eigener Bedürftigkeit.

Auch wir Psychotherapeuten flüchten leicht in eine vertikalisierende Haltung, wenn uns etwas Angst macht – seien es unsere Patienten, sei es das eigene Erwachsenwerden. Die Teilnehmer einer Gruppe zögerten den Abschluss einer familientherapeutischen Ausbildung hinaus und forderten eine (in der Ausbildung nicht vorgesehene) Verpflichtung des Leiters, seine Funktion weiter beizubehalten. Mit dieser Situation reinszenierte sich gruppendynamisch das Zögern einer Geschwistergruppe, »groß« zu werden – ein regressiver Sog, als Kinder einen überlegenen Vater zu behalten, und dies entgegen dem erklärten Ziel, den Ausbildungsstatus zügig zu beenden und als »fertige« Therapeuten zu arbeiten. Die Teilnehmer projizierten das eigene Bedürfnis auf den Leiter. Sie warfen ihm (nicht vorhandene) überhöhte Anforderungen vor und fühlten sich daraufhin insuffizient.

Im gemeinsamen Durcharbeiten erlebten sich die Gruppenteilnehmer schließlich wieder als kompetent. Hinter der regressiven Haltung verbargen sich Ängste vor dem Alleinsein und vor Verantwortungsübernahme. Die Gruppe entschied sich zu einer kollegialen Weiterführung als Intervisionsgruppe. Szenisch bedeutete das: Die Geschwister sind »groß«, können sich von den Eltern verabschieden, möchten aber als kompetente Geschwister weiter in Verbindung bleiben. An dieser Stelle empfand ich als Leiter bei der Untersuchung meiner Gegenübertragung, dass auch ein Festhalten des Leiters an der vertikalen Struktur die regressive Fixierung der Teilnehmenden mitbedingen kann: Ist der Leiter auf das Gebrauchtwerden angewiesen oder ist er – auch – erleichtert, nicht mehr gebraucht zu werden? Benötigen die Eltern das Fortdauern (»Persistenz«) ihrer Elternschaft als Helfer hilfsbedürftiger Kinder, identifizieren sich diese Kinder nur zu leicht mit diesem elterlichen Bedürfnis.

Die Unterstützung durch *Dritte* ist ein Paradigma in den Kulturwissenschaften (Eßlinger et al. 2010) und auch in der Psychoanalyse ein strukturelles Modell. Dritte, die in einen Konflikt weniger involviert, von einem sich reinszenierenden Trauma weniger kontaminiert sind, können als weniger Verwickelte helfen. Wir haben diese Dynamik bei Adoleszenten kennengelernt, wenn Peers als außerfamiliäre Dritte bei der gegenseitigen Ablösung von Geschwistern helfen. Das Paradigma vom Dritten ist ein horizontal-geschwisterliches, die Supervision und die Mediation können so funktionieren, wobei sich hier natürlich auch vertikale Beziehungen etablieren können – dann wird das geschwisterliche Potenzial dieses Modells nicht genutzt. In der therapeutischen Beziehung kann die Übertragungsdynamik mit der Funktion des Therapeuten als Dritter zusammenfallen oder ein strukturierendes Element neben der Übertragungsdynamik bilden. Bei der Suche nach mobilisierbaren Ressourcen sind hilfreiche Dritte ausfindig zu machen, um ihr unterstützendes Potenzial bei geschwisterlichen Beziehungsprozessen zu nutzen.

## Geschwisterübertragung in verschiedenen Settings

In der *Kindertherapie* geraten wir Therapeuten leicht in den Sog vertikaler Übertragungen. Bei getrenntem Setting (Sitzungen mit dem Kind, Sitzungen mit den Eltern) fantasieren wir uns einerseits leicht als besserer Vater beziehungsweise bessere Mutter dieses Kindes, andererseits werden wir in den Elterngesprächen leicht das »bessere Kind« bei den Eltern. Im gemeinsamen Setting (Sitzung mit der ganzen Familie) ist dieser Sog geringer (falls uns selbst dieses Setting nicht überfordert), und es fällt uns leichter, neben der vertikalen Achse Kind-Eltern die horizontale Achse zwischen Geschwistern wahrzunehmen, und zwar sowohl zwischen den anwesenden Geschwistern als auch zwischen uns und den anwesenden Kindern.

In der Einzelarbeit mit Kindern kommt es besonders darauf an, ob wir die Geschwisterachse immer wieder mitdenken, unsichtbar bereithalten und ihr Auftauchen beim Kind bemerken. Unsere Fantasie muss beweglich genug sein, um dem Kind bei seinen ständigen Wechseln zu folgen. Im einen Moment fordert es uns dazu heraus, in einer komplementären Beziehung als Erwachsener in der realen Situation zu entscheiden. Im nächsten Moment sollen wir ihm aus einer symmetrischen Beziehung in seine Fantasiewelt folgen, uns dort ständig neu identifizieren und zwischen Eltern-Kind-, Geschwister- und Peerübertragungen wechseln.

Kinder mit schweren narzisstischen oder Borderline-Störungen können eine Zwillingsübertragung ausbilden – Barbara Diepold (1988) spricht von »dyadischen« Übertragungen. Eine solche entsteht aus dem Bedürfnis, narzisstische Vollkommenheit zu erreichen. Mittels projektiver Identifizierung soll im Therapeuten ein Spiegelbild narzisstischer Vollkommenheit entstehen und zugleich vollkommen beherrscht und kontrolliert werden. Jede als Versagung erlebte Äußerung des Therapeuten löst Ausbrüche narzisstischer Wut aus. Eine Psychotherapie mit dieser Form der Geschwisterübertragung ist für den Therapeuten besonders strapaziös und sollte von einer Supervision begleitet werden.

Die *Therapie mit Jugendlichen* fordert uns zu einem Prozess zwischen Gleichen heraus. Es kann schwer werden, die horizontale Ebene zu halten. Ein Jugendlicher erlebt uns als reale erwachsene Person. Er teilt zum Beispiel in den ersten Minuten mit, er sei sehr misstrauisch, ob wir das vertragen könnten, was er an Problemen zu berichten habe. Noch bevor wir uns setzen, sagt er vielleicht: »Sie sind aber ganz schön irritiert«, und wir teilen mit, dass das stimme. Verhalten wir uns dagegen »abstinent« (vermeiden wir solche Selbstmitteilungen), verstehen Jugendliche das häufig als Verweigerung, sie als gleichwertige Erwachsene zu sehen. Der Therapeut wird also auf Beweglichkeit und Standhaftigkeit geprüft.

Jugendliche irritieren uns, schubsen uns hin und her. Die Angst vor Einengung ist so groß, dass Grenzen und Beweglichkeit im Handlungsdialog mit dem Therapeuten klar erfahrbar werden müssen, bevor intrapsychische Verwicklungen angeschaut werden können. Im Dialog spüren Jugendliche unsere Haltung: Suchen wir bei ihnen nur nach etwas, was ihnen fehlt, oder trauen wir ihnen zu, eigene Lösungen zu finden (Leyting 1994)?

Ein Jugendlicher thematisiert vielleicht seine Geschwister gar nicht, weil der Bruder oder die Schwester so »in ihm steckt« (Identifizierung). Und mir als Therapeut geht es vielleicht in meiner Gegenübertragungsreaktion ähnlich (auch mein Bruder beziehungsweise meine Schwester könnte unbemerkt »in mir stecken«) – da kann es schwer werden, die Geschwister zu fassen zu bekommen. Wenn ich bei mir selbst das Geschwisterthema ständig präsent halte, bemerke ich eine Geschwisterübertragung leichter. Ich kann beispielsweise in mein Repertoire zur Gegenübertragung die Standardfrage aufnehmen: Fühle ich mich gerade wie ein älterer oder wie ein jüngerer Bruder beziehungsweise wie eine ältere oder wie eine jüngere Schwester?

In der *Paartherapie* kommt es besonders zu Beginn zu vertikalen Übertragungen auf den Therapeuten. Es ist wie ein Blick nach oben oder unten: Jeder Partner empfindet sich selbst als ohnmächtig und abhängig, den anderen als mächtig, und beide gemeinsam geben dem Therapeuten eine Position »oben«. Wenn Paare streiten, hört sich das oft wie beim Zerschlagen von Geschirr an. Therapeuten können hinhören: Scheppert es wie in der Kinderstube oder wie bei enttäuschter Elternliebe?

So etwa befragen Therapeuten ihre Gegenübertragung und spüren im einen Fall: Streitet sich das Paar wie Geschwister vor Papa oder Mama? Bei vielen Machtkämpfen von Paaren mit Rollenzuweisungen an den Therapeuten als Richter geht es um dieses Muster. Oft idealisiert das Paar (zunächst) den Therapeuten, dem es dadurch noch schwerer fallen mag, die Geschwisterübertragung zu bemerken. Die Partner wenden schließlich aber doch den Blick nach »neben« sich statt nach oben oder unten. Der Therapeut sieht nun Erwachsene (statt kleiner Geschwister) in dem Paar.

In der Übertragung gab es anfangs ein vertikales Gefälle; in der Bearbeitung (erst in der Gegenübertragung, dann mit dem Paar) kann über das Stichwort »Geschwister« wieder eine Horizontale gefunden werden. Alle drei sehen sich (als Erwachsene) auf einer Ebene nebeneinander und können sich nun reifer der Konfliktbearbeitung zuwenden.

In der *Familientherapie* ist der therapeutische Anspruch auf Emanzipation mit jedem Versuch einer autoritären Beeinflussung unvereinbar. Daher nehmen im Konzept der psychoanalytischen Familientherapie die einzelnen Personen der Patientenfamilie und der Familientherapeut gleichwertige Positionen ein, sie »sitzen in einem Boot«.

Ein horizontales Beziehungsmodell gilt hier als Prinzip therapeutischer Wirksamkeit:

> »Soweit zwischen Therapeut und Patient(en) ein ›Beziehungsraum der Toleranz‹ entsteht, kann auch Verantwortung für das eigene Verhalten und für das eigene Wohlergehen übernommen werden. Wenn der Zusammenhang zwischen den eigenen Phantasien und dem eigenen Verhalten erlebt und anerkannt wird, werden Verhaltensänderungen möglich, und zwar aus einem Gefühl der ›Selbstbefreiung aus von den Eltern übernommener Unmündigkeit‹« (Bauriedl 2001, S. 38).

Der Therapeut erlebt es wie ein Aufatmen, »wenn in Familien sich während der Therapie langsam das Gefühl ausbreitet, daß Relativität (= Beziehung) im Grunde für jeden viel befriedigender ist als Autorität (= Repression)« (Bauriedl 1980, S. 140f.).

In der familientherapeutischen Praxis geht dem Therapeuten diese Haltung schnell verloren, weil er (unbewusst, sobald er sich bedroht fühlt) zu seinem Schutz die »bessere Position« aufsucht und ein Gefälle zu den Patienten herstellt (»Ihr wollt ja nicht«). In gemeinsamer Angstabwehr macht ihm zudem die Familie immer wieder (aus Angst vor Übernahme eigener Verantwortung) das »Bündnisangebot«, eine Autoritätsrolle zu übernehmen.

Für die Geschwisterübertragung in der *Einzeltherapie mit Erwachsenen* ein Beispiel:

> Eine 28-jährige iranische Patientin kam schwer depressiv und suizidal in stationäre Behandlung. Sie lebte zusammen mit ihren Eltern, lag zuletzt meistens im Bett, ab und zu raste sie mit ihrem Auto über die

Autobahn und hoffte auf einen tödlichen Unfall. Nachts wache sie schreiend auf, stopfe dann alles Essbare in sich hinein, um es wieder zu erbrechen, berichtete sie.

Auslösend für diese Situation war, dass sich die 16-jährige Schwester einige Monate zuvor erhängt hatte, und zwar für die Patientin völlig unerwartet. Jetzt quälten sie Schuldgefühle.

Im Iran hatte sie sich als Mädchen abgewertet empfunden, zwei jüngere Brüder wurden ihr vorgezogen. Als Älteste unter den Geschwistern hatten die Eltern sie früh parentifiziert. Diese Rolle verstärkte sich noch, als die Familie nach Deutschland kam und die clevere Sechsjährige zur Dolmetscherin und Vermittlerin gemacht wurde. Die Schule bot ihr zunächst Entfaltungsmöglichkeiten, sogar bis zum Realschulabschluss.

Mit 16 Jahren lehnte das Mädchen die von den Eltern gewünschte Heirat mit einem Iraner ab; daraufhin verhinderten die Eltern den weiteren Schulbesuch und verboten Kontakte mit deutschen Jugendlichen. Jetzt wurde eine jüngere Schwester geboren und als Nachzüglerin strahlender Mittelpunkt der Familie. Die in ihrer Entwicklung regelrecht strangulierte Patientin stürzte sich kompensatorisch auf die Schwester, nahm »die Kleine« teils wie eine Mutter, teils wie eine ältere Schwester unter ihre »Fittiche«. Sie grenzte sich damit von den Eltern ab, war symbiotisch mit der Schwester verbunden, versuchte sie dem traditionellen Einfluss der Eltern zu entziehen und lebte in ihr eigene Anteile aus, indem sie die Schwester dabei unterstützte, sich in ihre deutsche Umgebung zu integrieren.

Mit der Pubertät der »Kleinen« und ihrer beginnenden Ablösung kam es zum Konflikt zwischen den Schwestern. Von dieser *und* von den Eltern nicht akzeptiert, erhängte sie sich schließlich. Die Patientin dekompensierte daraufhin, mit der Schwester verlor sie mit einem Schlag »ihre Kleine« – mit ihr war sie identifiziert gewesen und auf ihre Steuerung hatte sie ihr Selbstwertgefühl aufgebaut.

In der Gegenübertragung empfand sich die Therapeutin erst wie eine teilnehmende, beschützende Mutter. Dann wechselte die Patientin zu einer Geschwisterübertragung, in der sie selbst die Position der jüngeren Schwester einnahm und der Therapeutin die (eigene) Position der älteren Schwester zuwies. Diese Konstellation konnten beide nutzen und der Patientin gelang eine Distanzierung vom Suizidtod der Schwester und von den innerfamiliären und interkulturellen Konflikten.

Zur Geschwisterübertragung in der Einzeltherapie mit Erwachsenen ein weiteres Fallbeispiel, in dem die Therapeutin eine Geschwisterübertragung aus ihrer eigenen Biografie entwickelt:

> Die Therapeutin empfindet sich hilflos und ärgerlich gegenüber dem Drängen ihrer Patientin, ihr die Kindheit über Erinnerungen und Träume zugänglicher zu machen. Die Therapeutin weist die Patientin zurück, und zwar aus dem Gefühl heraus, schon viel für sie getan zu haben und ständig mit neuen Ansprüchen konfrontiert zu werden. Die Szene entschlüsselt sich über ein Bild: Die Therapeutin erlebt die Patientin als »an ihr zupfend«. Für die Patientin trifft dieses Bild zu als Kindheitsszene: Sie zupft die Mutter am Kleid und wird von ihr zurückgewiesen.
>
> Der Therapeutin wird über dieses Bild ein eigener Geschwisterkonflikt zugänglich: Einerseits ist sie identifiziert mit dem therapeutischen Auftrag, der Patientin zum Erinnern zu verhelfen, andererseits weist sie diesen Anspruch zurück – im gleichen Zwiespalt befand sie sich als Kind und als Adoleszente gegenüber einer jüngeren, quengelnden Schwester, für die sie mütterlich zuständig sein sollte. Die Metapher »Hör auf zu zupfen« steht also bei der Patientin für eine Mutterübertragung (»Die Mutter mag mich nicht«), bei der Therapeutin für eine Geschwisterübertragung (»Ich soll immer noch mehr für die Schwester tun«).
>
> Nachdem die Therapeutin in der Supervision ihre Geschwisterübertragung erkannt hatte, löste sich ihre Blockierung auf und der ins Stocken geratene therapeutische Prozess kam wieder in Bewegung.

In einer Geschwisterübertragung kann sich die Geschwisterkonfiguration der Kindheit reinszenieren. Schnell hat das Folgen auch außerhalb des therapeutischen Settings. Geschwister können dann real intervenieren; zum Beispiel werten sie die Therapie ab oder bedrängen den Therapeuten um einen Platz für eigene Probleme.

Geschwisterübertragungen fühlen sich für Therapeutinnen und Therapeuten im Vergleich mit Elternübertragungen oft verwirrend an, weniger sicher, heftig und intensiv, auch erotisch oder diffus. Man kann sich in einer Szene erleben, verdrängt zu werden oder in einem Chaos herumrasen zu müssen. Dazu kommt vielleicht noch, dass ein Patient in seiner Übertragung ständig switcht – mal sieht er mich als Vater, mal als Bruder. Was liegt da näher, als mich auf das sichere, vertikal strukturierte Terrain als Vater oder Mutter eines schwierigen Kindes zu flüchten? Als Training zur Bewusstmachung dieser Anfälligkeit ist eine Familienselbsterfahrung hilfreich.

## Familien- und Geschwisterselbsterfahrung in der therapeutischen Ausbildung

In der psychotherapeutischen Ausbildung fehlt immer noch weitgehend die gründliche Beleuchtung der Geschwistergeschichte. Therapeutinnen und Therapeuten können dann in einer Geschwisterübertragung durch blinde Flecke blockiert sein: Da beklagt sich ein Patient endlos, wie unfair ihn die Kollegen, seine Familie und die Therapeutin behandeln. Diese empfindet keinerlei Mitgefühl, sondern überlegt, ob er erwartet, dass sie ihm als »tollem« Patienten eine Medaille überreichen solle. Beim Hinausgehen nach der Stunde erinnern seine Augen sie plötzlich an die ihres kleinen Bruders, der bei ihrer Mutter so viel willkommener war als sie selbst …

Die Ausbildung in psychoanalytischer Paar- und Familientherapie schließt eine Familienselbsterfahrung als obligaten Bestandteil ein. Sie findet in Gruppen statt, meist blockweise über mehrere Jahre. Auch die Geschwisterdynamik wird hier bearbeitet. Als Vertiefung empfehle ich die Geschwisterselbsterfahrung in spezifischen Gruppen. In der Familienselbsterfahrung reinszenieren sich im Gruppenprozess die spezifischen, auf unbewussten szenischen Fantasien in den Ursprungsfamilien beruhenden Aktions- und Reaktionsmuster der Teilnehmer und Teilnehmerinnen und werden in der Gruppe bearbeitet.

Gruppendynamisch entwickeln sich zwischen den »Gruppengeschwistern« neue geschwisterliche Beziehungserfahrungen mit Modellcharakter, sie bewirken zusätzlich zur thematischen Bearbeitung einen Veränderungsimpuls. Die Teilnehmenden sind immer wieder überrascht von der existenziellen Erfahrung ihres geschwisterlichen Bezugs, der ihnen in der Einzelselbsterfahrung meist verborgen blieb. Das mag damit zu tun haben, dass bis heute viele Lehrtherapeuten das Geschwisterthema mehr oder weniger ausblenden. Es hat aber auch mit dem Setting zu tun: Erst in einer familienähnlichen Struktur (vertikale und horizontale Beziehungen sind repräsentiert) können sich Geschwisterbeziehungen reinszenieren. Wünschenswert ist daher die Kombination von Einzel- und Gruppenselbsterfahrung in der Ausbildung für *alle* Psychotherapeutinnen und -therapeuten.

Ein Beispiel zeigt, wie rasch ein geschwisterliches Erfahrungsmuster in der Gruppe evident werden kann: Eine Teilnehmerin wartete mit eigenen Äußerungen stets ab, »die Gruppe drängt sich immer vor«. Ihren Groll erlebte sie als Reaktion auf die Gruppe, die sie nie zu Wort kommen lasse. In diesem Muster reinszenierte sich der geschwisterliche Kontext: Die Gruppe als Kollektiv steht für die fünf Minuten ältere Zwillingsschwester (die bis zu dieser Szene nicht erwähnt wurde), die sich im Leben dieser Teilnehmerin von Anfang an »vorgedrängt« habe. Betroffen erkannte sie schließlich: »Ich selbst trage zur Fixierung dieser Rolle als stets Zweite bis heute bei.«

In der gruppendynamischen Arbeit wird auch deutlich, wie bei Erregung, Unsicherheit oder Angst rasch ein Bedürfnis nach vertikaler Regulierung entsteht – anders gesagt, wie Psychotherapeuten eine geschwisterliche Haltung *üben* müssen. Nadine hat (in einer Musikimprovisation, alle Teilnehmer artikulieren sich mit einem Musikinstrument) diese Fantasie: »Ich spiele leise, um nicht abgelehnt zu werden. Wenn ich (leise) was Eigenes mache, werde ich nicht gehört. Am liebsten würde ich allen vorschreiben: Seid alle still, damit ich – leise – gehört werde!« Später fantasiert Nadine eine andere Lösung: »Ich spiele lauter, dann werde ich gehört.« Jetzt müssen sich nicht mehr die anderen ändern, sondern Nadine kann bei sich selbst etwas verändern. Das Ablassen vom Diktierenwollen bedeutet ein Loslassen vertikaler Lösungsvorstellungen.

Wenn man als Gruppenleiter signalisiert: »Ihr dürft euch streiten, und ich habe nicht vor, euere Auseinandersetzungen zu kontrollieren«, dann reagieren die meisten Gruppenteilnehmer überrascht, erschreckt, gestresst. Schlagartig wird allen deutlich, wie selbstverständlich wir uns bei der Regulierung von Konflikten auf vertikal Stärkere verlassen und wie ungewohnt es für uns ist, Konflikte wirklich auf horizontaler Ebene auszutragen.

Als weiteres Fallbeispiel eine Geschwistergeschichte zur Illustration biografischer Geschwisterarbeit, wie sie in Familienselbsterfahrungsgruppen möglich und für Psychotherapeuten notwendig ist, um eine Transparenz eigener Geschwisterkonflikte zu erreichen und im Umgang mit Patienten auf deren Geschwisterdynamik sensibel eingehen zu können:

> Der älteste Sohn Jens soll den Familienhof erben, die traditionelle Rolle des Erstgeborenen scheint hier noch zu gelten. Brigitte, Teilnehmerin einer Familienselbsterfahrungsgruppe, ist Jens' jüngere Schwester, sie wurde in der Familie »Jens zwei« gerufen. Erschüttert berichtet sie von einer Gewaltszene, in der Jens sie die Treppe hinunterstieß und aus dem Haus warf, seither sei der Kontakt abgebrochen. Was war geschehen?
>
> Die Eltern hatten vertraglich mit Jens und der Schwiegertochter geregelt, dass sie von den beiden versorgt würden und im Haus wohnen bleiben könnten. Die jüngeren Geschwister wurden abgefunden. Auf den ersten Blick ist »die Welt in dieser Familie noch in Ordnung«.
>
> Emotional lief allerdings eine ganz andere Geschichte ab: Brigitte besuchte häufig und gern die Eltern, bei Jens und ihrer Schwägerin schaute sie nur kurz herein. Es sah so aus, als fühlten sich die Eltern von Tochter Brigitte emotional besser versorgt als von Sohn Jens und der Schwiegertochter. Gesprochen wurde in der Familie nicht darüber, alle versuchten anscheinend, sich an den Vertrag zu halten. Dann erkrankte die Mutter schwer, sie wurde zu Hause von Sohn und Schwiegertochter versorgt. Schließlich erkrankte auch der Vater, ihn versorgte Brigitte in der Klinik. Als sie den Vater wieder nach Hause brachte, kam es zu der Szene, in der sie vom Bruder aus dem Haus geworfen wurde.
>
> Die Gruppe arbeitet nun heraus, dass die Eltern den Vertrag unterlaufen und sich am Bruder vorbei an Brigitte wenden. Schwieriger wird das Freilegen der Ambivalenz bei Brigitte. »Jens zwei« bedeutet, Brigitte rivalisiert versteckt mit ihrem Bruder darum, wer von ihnen die Eltern emotional besser versorgt. Weder der Bruder noch die Schwester haben versucht, ihre Situation als Geschwister zu klären und miteinander eine Lösung zu finden. So eskalierte der Konflikt ziemlich lange latent, bis er sich eruptiv entlud – mit dem Bruder als Täter und der Schwester als Opfer.

Auch fundiert ausgebildete Therapeutinnen und Therapeuten werden immer wieder in eine vertikale Abwehr oder in Abwehrbündnisse rutschen (in der Familientherapie etwa mit einem Kind/Geschwister gegen die Eltern oder mit den Eltern gegen ein Kind/Geschwister). Eine horizontale Übertragungshaltung geht jedem von uns immer wieder verloren. Der springende Punkt dabei: Bemerke ich, dass ich aus eigener Bedürftigkeit ein vertikales Gefälle hergestellt habe, und kann ich es wieder loslassen?

Ich kann meinen »Geschwisterblick« üben, indem ich den Patienten nach seinen Szenen frage, zum Beispiel wie es sich anfühlt, als Bruder oder Schwester älter oder jünger zu sein, oder wenn ich selbst Szenen fantasiere, wie der Patient oder die Patientin wohl als Bruder, als Schwester waren.

Für das Gelingen einer Psychotherapie ist es von zentraler Bedeutung, dass Wiederholungen von Geschwistererfahrungen als solche erkannt und nicht auf die Eltern hin fehlinterpretiert werden. In der Einzeltherapie einer erwachsenen Frau beunruhigte diese über längere Zeit die Erinnerung an ihren Vater, wie er sich erregt über das Bettchen der damals Vierjährigen beugte. Die Patientin wie ihr Therapeut folgten der Hypothese, dies sei ein Hinweis auf ein traumatisch-inzestuöses Erlebnis. Es stellte sich jedoch – über eine heutige Nachfrage bei einem Bruder – heraus, dass damals der Vater das Mädchen bei der gemeinsamen genitalen Exploration mit ihren Brüdern überraschte. In der Erregung verprügelte er seine Söhne und sorgte vom selben Tag an für getrennte Zimmer. Ohne diese eindeutige Information (durch Nachfragen!) wäre hier ein geschwisterliches Geschehen vertikal-ödipal fehlinterpretiert worden.

Weil elementare Erfahrungen mit den Eltern und mit Geschwistern immer miteinander verwoben sind, verlangt der therapeutische Prozess ein feines Gespür für das Gewebe aus horizontalen und vertikalen Anteilen! Dabei gehört nach meiner Erfahrung beides zusammen: Die vertikal-ödipalen Verwicklungen und die geschwisterlich-horizontalen werden in derselben Therapiephase »gelöst«. Erkennbar wird das an dem neuen Wunsch, den Eltern wie den Geschwistern auf Augenhöhe zu begegnen.

## Rivalität und Konkurrenz, Neid und Eifersucht

Erscheinungsformen gestörter Geschwisterdynamik fallen in Psychotherapien häufig auf, deshalb ist es sinnvoll, den therapeutischen Blick zu üben für Möglichkeiten, diese Dynamik positiv zu verändern. Durch Konfliktbearbeitung können eingefrorene oder »vergiftete« Geschwisterbeziehungen wieder lebendiger und sogar zu Lebensressourcen werden. In tief greifenden Geschwisterkonflikten sind häufig mehrere Themen miteinander verwoben (Gewalt, Dominanz, Rivalität etc.), doch überwiegt im Erleben der Betroffenen selbst oft nur ein »Motto«. Zunächst werden Störungen vorgestellt, denen eine *vertikale Dynamik* gemeinsam ist, das heißt, sie werden von den Eltern induziert.

Eine Form gestörter Psychodynamik ist die *transgenerationale Weitergabe gespaltener Beziehungsstrukturen*, wie sie Thea Bauriedl beschrieben hat:

> »Wenn man nicht mit dem Kind als mit einem wichtigen anderen Menschen gesprochen hat, sondern mit ihm umgegangen ist, als wäre es ein Teil von einem selbst, dann hat sich im gleichen Maß die Beziehungsstruktur ›Entweder du oder ich‹ auf das Kind übertragen [...]. Wegen der gespaltenen Beziehungsstruktur (entweder du oder ich), in der schon die Eltern aufgewachsen sind, fürchten sie die Lebenswünsche des Kindes [...]. Und das Kind erlebt sich in der Identifikation mit den Eltern als bedrohlich, weshalb es versucht, die ›bedrohliche‹ Seite, nämlich seine wirklichen Gefühle und Wünsche abzuspalten« (Bauriedl 1994, S. 145).

Zwischen Eltern und Kindern und zwischen Geschwistern ist unter dieser Voraussetzung kein Dialog möglich. Auf beiden Seiten geht es um die Angst, ausgeschlossen zu werden. Szenisch gesehen wird um *einen* Platz gekämpft. »So kommt es oft zu der mörderischen [...] Rivalität zwischen Elternteilen und Kindern, aber auch zwischen Geschwistern« (Bauriedl 2001, S. 18). Zeigt sich zwischen Geschwistern eine derartige zerstörerische Rivalität, dann ist sie nicht als struktureller Zug aufzufassen, sondern als eine identifikatorisch von den Eltern übernommene, gespaltene Beziehungsstruktur.

*Geschwisterkonflikte der Eltern* können aktualisiert und projektiv auf ein Kind übertragen werden und als Folge das geschwisterliche Rivalisieren verzerren. Ein Fallbeispiel:

> Eine Mutter ist betroffen von dem »brutalen Egoismus« ihrer siebenjährigen Tochter gegenüber dem älteren Bruder. Sie muss die Kinder ständig überwachen und ist hin- und hergerissen zwischen aggressiven Impulsen und Schuldgefühlen. Die Geschwister zanken sich verbissen, können nicht gelöst spielen.
>
> Der Konflikt wird als Reinszenierung eines kindlichen Geschwisterkonflikts der Mutter erkannt. Sie litt darunter, dass *ihre* Mutter ihr den älteren Bruder vorzog. Zudem hatte sie den »Auftrag«, auf diese depressive Mutter Rücksicht zu nehmen. In der psychotherapeutischen Bearbeitung (im Setting aus Paarsitzungen der Eltern und Geschwistersitzungen) erkennt sich die Mutter in ihrer Tochter wieder und sieht, dass sie ihre damals verleugneten Wünsche nach mütterlicher Liebe und ihre damaligen aggressiven Gefühle jetzt auf ihre Tochter projiziert.
>
> Diese Projektion kann aufgelöst werden, das heißt, die Mutter ordnet den Konflikt ihrer eigenen Geschichte zu. Jetzt sieht die Mutter ihre Tochter mit anderen Augen, sie entdeckt, wie ihre Tochter als Kind wirklich ist. Die Geschwister wirken entlastet und können wieder unbefangen miteinander spielen. Es genügt eine sich anschließende Einzeltherapie der Mutter.

Es ist erstaunlich, wie hier im Beispiel und bei ähnlichen Familienkonflikten die Erkenntnis und Zurücknahme der projektiven Vermischung genügen kann, um die familiäre Störungsdynamik zu beenden. In solchen Fällen haben sich die Beziehungsstörungen bei den Kindern noch nicht manifestiert. Nach meiner Erfahrung lässt sich allerdings nicht im Voraus, sondern erst in einem zweiten Schritt einschätzen, ob eine derartige rasche und bleibende Entlastung bei den Kindern eintritt oder ob auch bei den Geschwistern oder bei einem Kind eine psychotherapeutische Intervention indiziert ist.

*Narzisstisch gestörte Eltern* ertragen die Nähe ihrer Kinder zueinander nicht. Auch wenn Geschwister streiten, kommen sie sich emotional und körperlich nahe, weil sie dabei ja oft handgreiflich werden. Die Eltern ertragen die Angst nicht, selbst ausgeschlossen zu werden. Kinder erleben das elterliche Eingreifen (um das eigene narzisstische Gleichgewicht zu wahren) so: »Meine Mutter brachte die Geschwister auseinander, säte Streit zwischen uns. Sie hielt nicht aus, dass wir Geschwister etwas ohne sie machten.«

Zwei Schwestern schildern: »Die Mutter trieb einen Keil zwischen uns.« Die jüngere zur älteren Schwester: »Ich hab' dich so gehasst – du wurdest mir als Vorbild hingestellt: ›Deine Schwester macht sich nicht so dreckig wie du.‹« Dazu die Ältere zur Jüngeren: »Und ich hab' dich gehasst – du hast vorbildlich gegessen, ich nie!« Dazu Vorwürfe der Mutter an beide: »Dass ihr euch immer so streitet – ob ich noch erlebe, dass ihr euch mal vertragt?« – Die Schwestern heute: »Wie sollten wir nicht streiten, wenn die Mutter uns so aufeinanderhetzte?« Eine der Schwestern arbeitete in einer Einzeltherapie neben den Konflikten mit der Mutter auch die damit verwobene Beziehungsstörung mit ihrer Schwester auf – und der daraus erwachsene Impuls genügte, einen Austausch mit der Schwester anzustoßen und eine gegenseitige Annäherung auf den Weg zu bringen.

Horst-Eberhard Richter (1963) beschrieb diese Störungsdynamik als Aufspaltung zwischen einem idealisierten und einem verteufelten Kind. Horst Petri (1994) sprach von einem »teuflischen Ferment« destruktiver Dynamik, bei dem die Kinder gegeneinander ausgespielt werden. Die Geschwister bekämpfen sich dann meistens heftig und feindselig, weil sie sich mit dieser elterlichen Zuschreibung identifizieren.

Ein Geschwister kann von den Eltern *parentifiziert* werden: Leidet ein Elternteil an einer chronischen Erkrankung, Sucht, Depression oder Psychose und eines der Kinder wird in eine Elternrolle gedrängt, wird es »parentifiziert«. Für den anderen Elternteil kann es zugleich zum *Ersatzpartner* werden. Eine solche Parentifizierung beziehungsweise Ersatzpartnerschaft geht nicht nur auf Kosten der individuellen Entwicklungsmöglichkeiten dieses Kindes (Seiffge-Krenke 2001), sondern immer auch auf Kosten der geschwisterlichen Beziehungsentwicklung. Eine Patientin berichtete, ihre kranke Mutter habe sie als »Ersatzmutter« für ihre drei jüngeren Geschwister eingesetzt. Sie stritt nie mit ihnen, sondern beaufsichtigte und dominierte sie. Erst nach dem Tod der Mutter und mithilfe ihrer Therapie konnte sie diese Rolle – rasch – abbauen. Sie war »glücklich darüber, dass in dem einen Jahr seit dem Tod der Mutter die Geschwister mehr denn je zueinander fanden«.

Als »twinning« beschreiben Vamik D. Volkan und Gabriele Ast (1997) eine von den Eltern induzierte Störung, bei der die Eltern Trennung, Aggression und Rivalität nicht ertragen und die Geschwister symbiotisch fusioniert bleiben. Auffällig ist hier, dass die Geschwister überhaupt nicht rivalisieren. Sie erleben sich als Einheit und sind häufig noch als Erwachsene davon abhängig, Nähe und Verschmelzung herzustellen. Diese Dynamik hat für beide Geschwister positive Aspekte, aber die Fixierung auf eine symbiotische Bindung untergräbt Autonomie und Abgrenzung. Die Wahrnehmung von Trennungsimpulsen löst Schuldgefühle aus (ein aufschlussreiches psychoanalytisches Behandlungsbeispiel findet sich bei Dorothee Adam-Lauterbach 2007, S. 213ff.).

## Rivalität und Eifersucht – zwei Fallbeispiele

Lebensgeschichtliche Zäsuren oder Krisen können wieder Bewegung in festgefahrene Geschwisterbeziehungen bringen. Geschwister müssen den Tod der Eltern nicht abwarten, sie können sich im Vorfeld der Verantwortungsübernahme für die alternden Eltern neu zusammen- und auseinandersetzen. Ein Beispiel soll illustrieren, wie Impulse zur Veränderung erkannt und therapeutisch als Chance für Veränderungen genutzt werden können.

> Im Rahmen einer Einzeltherapie tauchte bei einer Frau von Anfang vierzig die Angst vor dem Verlust der Mutter auf. Nachdem einige Jahre zuvor der Vater, dem sie nahestand, überraschend verstorben war, nahmen jetzt die Kräfte der bisher tatkräftigen Mutter im Rahmen einer Demenz oder Depression deutlich ab. Mit den Eltern würde die bisherige Familienwelt untergehen, und das machte die Patientin traurig, aber auch ängstlich.
>
> In einer zweiten »Schicht« stellte sich ihr diese Angst so dar, dass sie hier mit ihrer bisherigen Strategie, Probleme zu lösen, an Grenzen

stoßen würde: Problemlösung über (durchaus effektive) Aktivität, wobei sie sich selbst enorm unter Druck setzte. Erst in einem dritten Schritt wurde erkennbar, dass dieses Muster für die Patientin bisher die Funktion hatte, sich als jüngstes von sieben Geschwistern zu behaupten. Sie übernahm von den Geschwistern Aufgaben oder setzte sich selbst welche, die sie unter hohem Selbstanspruch bravourös löste. Der Druck, unter den sie sich dabei setzte, bezog sich auf ihren (engen) Platz und ihr (beengtes) Gefühl in der Geschwisterrunde. Auch wenn die Patientin diese Aktivität in ihrer eigenen Familie und im Beruf positiv einsetzen konnte, blieb sie im geschwisterlichen Kontext an eine Bedingung gebunden, die mit dem Verschwinden beider Eltern in ihrem Erleben wegfallen würde.

Als Kind hatte sie sich immer dann zur Großmutter zurückgezogen, wenn die älteren Geschwister tobten und sich »fetzten«. So wich sie Konflikten aus und »lernte nicht, mit den Geschwistern zu streiten«. Die Angst betraf die innere Szene, die Fluchtmöglichkeit in einem vertikalen Familienraum zu verlieren und mit den Geschwistern allein zurückzubleiben. Diese Szene sah die Frau vor sich, wenn sie daran dachte, dass sich demnächst alle Geschwister treffen würden, um zu planen, wie es mit der Mutter weitergehen solle.

In der Therapie änderte sich die innere Szene, als an die Stelle des Musters »Druck« die Vorstellung trat, den Geschwistern offensiv mit dem Mut zur Aggression gegenüberzutreten. Die Frage nach den eigenen Wünschen ließ in der Fantasie der Frau das Bild eines eigenen Raums für Musik und Malen entstehen, den sie sich – gegen Widerstand – mit den eigenen, kräftigen Armen verschaffte und den sie nach und nach ausdehnte. Dieser therapeutischen Episode muss die reale Umsetzung noch folgen, doch ist eine wesentliche Vorarbeit über die geschwisterliche Zuordnung und in der progressiven Auseinandersetzung in inneren Szenen bereits geleistet, um mit den Geschwistern real um einen neuen Platz zu rangeln.

Bei Eifersucht stellt sich der Konflikt anders dar. Auch das soll ein ausführliches Fallbeispiel illustrieren.

Eine 65-jährige Frau, Gertrud, litt unter Eifersucht, die sie in den letzten Jahren zunehmend belastete. Dahinter stand eine lebenslange Geschichte. Vier Jahre lang hatte Gertrud bei den Großeltern gelebt, das war ihre glückliche Kinderzeit. Der Vater war kurz vor Kriegsende freiwillig (!) Soldat geworden und verschwand in Gefangenschaft. Die Mutter floh aus Schlesien mit Gertrud als Säugling – im Westen waren sie als Flüchtlinge unwillkommen.

Als sie fünf Jahre alt war, kam der Vater traumatisiert aus russischer Gefangenschaft zurück. Nur die Vorstellung, er werde von Frau und Tochter erwartet, hatte ihn am Leben gehalten, doch er war bei beiden unwillkommen – die Tochter zeigte es ihm, sie lief weg, als er sie auf den Schoß nehmen und küssen wollte. Seine Verbitterung behielt der Vater vorerst für sich und zeugte mit seiner Frau fünf weitere Kinder. Gertrud bekam eine jüngere Schwester und vier noch jüngere Brüder. Die Schwester wurde Vaters Lieblingstochter, beide waren ein Herz und eine Seele. Sie galt beim Vater als die attraktivere der beiden Schwestern. Gertrud sah dem Scherzen der beiden traurig zu, damals entstand ihre Eifersucht, jetzt sehnte sie sich auch nach Nähe zum Vater, wurde aber weggeschickt.

Als die Mutter an Brustkrebs erkrankte, eröffnete der Vater der Zwölfjährigen: »Du als Älteste musst jetzt an ihre Stelle treten.« Das schloss sexuelle Übergriffe mit sadistischer Ausprägung ein: Der Vater schloss sich halbe Tage mit Gertrud ein, angeblich zum Aufräumen, und missbrauchte sie. Sein Kommentar: »Deine Schwester ist attraktiv, du bist unattraktiv, du bekommst keinen Mann, ich muss dir zeigen, wie man einen Mann befriedigt.« Und draußen spielten ihre Geschwister, sie verstand nicht, warum der Vater abschloss.

Jahrzehntelang hielt sich ihre Überzeugung: »So geht Aufklärung.« Die Eifersucht auf ihre »attraktive« Schwester grub sich tiefer ein. Die Brutalität dieses Vater-Tochter-Inzests ist wohl als Ausdruck einer Rache für die Zurückweisung des Vaters durch die Fünfjährige zu interpretieren, auch als Rache an seiner Frau, die er bis zu ihrem Tod fortgesetzt kränkte und verletzte.

Alle Versuche Gertruds nach Anerkennung des ihr Widerfahrenen scheiterten an einer Mauer des Verleugnens und Bagatellisierens seitens der Geschwister und des Vaters: »Wir sind eine tolle Familie, bei uns stimmt alles.« Die Brüder beschwichtigten, sie solle den Vater schonen, der seine Frau verloren habe; die Schwester wollte nichts davon hören, da sei nichts gewesen; mit dem Vater scheiterte ein Versuch der Aussöhnung vor seinem Tod, er drohte ihr mit dem Anwalt, wenn sie solche Unterstellungen nicht unterlasse. Die Verleugnung in geschlossener Front gipfelte darin, dass die Familie ihr bei der Beerdigungsfeier für den Vater den Mund verbot.

Gertruds Eifersucht traf inzwischen jeden, der zu einer ihr wichtigen Person näheren Kontakt hatte als sie selbst. Das belastete auch ihre Partnerschaft, weil ihr Partner, selbst ein Einzelkind, die Gesellschaft ihrer Geschwister genoss und dabei auch guten Kontakt zu ihrer Schwester fand. Sie fühlte sich schuldig, ihm »seine Geschwister« wieder wegzunehmen, indem sie seine Solidarität mit ihr einforderte.

Nach Wiederaufnahme ihrer Psychotherapie fand Gertrud den Mut, in einem Brief an alle Geschwister und an ihre Tochter ihre Inzesterfahrungen und ihre Sicht der Familienbeziehungen zu schildern. Erstmals reagierten die Geschwister individuell unterschiedlich. Ihr ältester Bruder und seine Frau gratulierten ihr zu diesem Schritt; eine Schwägerin, die Frau des jüngsten Bruders, nahm Kontakt zu ihr auf und ließ nicht locker, mehr zu erfahren. Ihre Tochter reagierte erleichtert – geahnt habe sie das schon immer –, zugleich erschüttert und Anteil nehmend. Nur von ihrer Schwester kam keine Reaktion.

Mit ihrem aktiven, offensiven Schritt hat Gertrud die Abwehrfront der Familie gelockert, ihre Geschwister zu individuellen Reaktionen veranlasst, die Nähe ihrer Tochter und die Unterstützung der Schwägerinnen als helfende Dritte erfahren. Die Eifersucht freilich quält Gertrud nach wie vor. Ihre Sehnsucht nach einem liebevollen und schützenden Vater bleibt unerfüllbar. Die Eifersucht ist vielleicht wie ein Maß für die Tiefe der Verletzungen und kann wohl nur abnehmen mit jeder neuen Erfahrung von lebendiger Nähe, seien es weitere Veränderungen innerhalb der Familie oder neue Erfahrungen anderswo.

Die Beziehung zur Schwester ist besonders tief gestört. »Meine Schwester, die Attraktivere« – dieses Gift mit der ganzen destruktiven Begleitstruktur ging vom selbst traumatisierten Vater aus. Die Chance zur Veränderung läge in einer Horizontalisierung der Schwesternbeziehung, in der sich beide als ungleich partizipierende, im Familienkontext wechselseitig aufeinander bezogene Schwestern begreifen können. Aus dieser Perspektive ist eine Zukunft vorstellbar, in der beide ihre Beziehung unkontaminiert ummodellieren könnten – zweifellos ein mühseliger, für beide nur mithilfe Dritter gangbarer Weg.

Die Grundstruktur von Gertruds Geschichte ist die gleiche Geschwisterdynamik, die unten beim sexuellen Missbrauch behandelt wird, doch steht jede Lebensgeschichte unter einem persönlichen Motto, und Gertruds Leidensmotto ist die Eifersucht.

## Geschwisterverlust

Beim Tod eines Geschwisters verlieren die Eltern ein Kind, Geschwister verlieren einen Bruder oder eine Schwester. Häufig wird nur eine Seite bedacht oder beide Seiten werden vermischt. Ich lege aber Wert auf eine klare Unterscheidung zwischen vertikaler und horizontaler Perspektive.

*Für einen Erwachsenen* ist der Tod eines Geschwisters ein unvergleichlicher Verlust. Ein Stück gemeinsamer Geschichte, ein Stück eigener Identität gehen verloren. Oft stößt das beim Überlebenden einen Lebensrückblick und Trauerprozess an. Daraus kann eine produktive Bewegung, eine lebendige innere Veränderung hervorgehen, aber es kann auch sein, dass beim Überlebenden eine Stagnation eintritt und er vielleicht eine Depression entwickelt. Bleibt das überlebende Geschwister auch weiterhin über innere Dialoge mit dem verstorbenen verbunden, muss das nicht pathologisch sein. Ohne innere Verarbeitung – und das trifft sicher auf viele geschwisterliche Biografien zu – kann eine *Fixierung* auf den toten Bruder oder die tote Schwester eintreten.

In seinem Roman *Ansichten eines Clowns* schildert Heinrich Böll, wie die Beziehung zwischen seinem Protagonisten Schnier und Marie daran zerbricht, dass Marie für Schnier nur eine Übertragungsfigur für die verlorene Schwester Henriette bleibt, von der er sich nicht lösen kann.

*Wenn Eltern ein Kind verlieren*, kann am unterschiedlichen Umgang mit dem Verlust die Partnerschaft zerbrechen. Milan Kundera beschreibt in seinem Roman *Die Identität* die tiefe Trauer einer Mutter:

> »Ihr Sohn war fünf Jahre alt, als sie ihn begrub. Später, in den Ferien, sagte ihre Schwägerin zu ihr: ›Du bist zu traurig. Du musst wieder ein Kind bekommen. Nur so wirst du es vergessen.‹ Die Bemerkung ihrer

> Schwägerin tat ihr sehr weh. Ein Kind: eine Existenz ohne Biographie. Ein Schatten, der rasch in seinem Nachfolger aufgeht. Aber sie wollte ihr Kind nicht vergessen. Sie verteidigte seine unersetzliche Individualität. […] Eine Woche später sagte ihr Mann zu ihr: ›Ich will nicht, dass du in Depressionen verfällst. Wir müssen schnell wieder ein Kind bekommen. Dann wirst du es vergessen.‹ Du wirst es vergessen: er machte sich nicht einmal die Mühe, eine andere Formulierung zu finden! In dem Augenblick keimte in ihr der Entschluß, ihn zu verlassen« (Kundera 1997, S. 33f.).

Trifft der Verlust eines Geschwisters ein *Kleinkind*, vermischen sich bei ihm – wenn bei den Eltern die Trauer ausbleibt – vertikale und horizontale Fixierungen. André Green (2004) hat das Bild von der seelisch »toten Mutter« entworfen: Die Depression einer Mutter, die nicht trauern kann, pflanzt sich in ihrem Kind (durch Introjektion) fort. Betrauern die Eltern den Verlust eines Kindes nicht, dann bleibt das überlebende Geschwister in seiner Introjektbildung symbiotisch mit dem toten Geschwister verbunden. Es stellen sich Überlebensschuldgefühle ein, weil das tote Geschwister uneinholbar und unerreichbar bleibt. Kommen Erwachsene nach dem Verlust eines Kindes zur Behandlung einer Depression zu uns in Psychotherapie, sollten wir regelmäßig Geschwisterkinder in die Diagnostik einbeziehen, um bei identifikatorisch übernommener Fixierung auch diese Kinder psychotherapeutisch zu versorgen.

Eine solche Deutung ist zum Beispiel auf Adolf Hitler anwendbar: Hitlers Mutter starben vier von sechs Kindern. Über eine Introjektion der mütterlichen Erstarrung könnten für Adolf die toten Geschwister uneinholbare Rivalen geworden sein. So hätte Hitler unzähligen Opfern zugefügt, was er selbst erlebt hat: Überlebensschuld und eine Symbiose mit den toten Geschwistern – allerdings in der Rolle des unersättlichen Rächers (Chamberlain 1997).

Das gleiche Schicksal kann aber auch einen ganz anderen, konstruktiven Verlauf nehmen. Ein klinisches Beispiel könnte nicht treffender schildern, wie sich ein Kind durch fantasierte Geschwister aus der Umstrickung durch tote Geschwister befreien kann, als der autobiografische Roman *Die Erfindung des Lebens* von Hanns-Josef Ortheil (2009), in dem er »Beigeordneter« seiner Mutter wurde, die im Zweiten Weltkrieg und in der Zeit danach vier Söhne verloren hatte. Schmerz und Verlust haben die Mutter verstummen und schwer depressiv werden lassen. Symbiotisch verwuchs das einzig verbliebene Kind mit der Mutter zu einem stummen Paar, nie waren beide je räumlich getrennt. Der Junge hatte keine Freunde, spielte nie mit anderen Kindern. Mit der Einschulung brach für ihn die Hölle aus. Da eröffnete ihm sein Vater, dass er vier ältere Brüder gehabt hatte – mit ungeheurer Wirkung. Von einem Moment auf den anderen empfand er sich als Mitglied einer Gemeinschaft. Er war nicht mehr das Einzelkind, sondern »die Nummer fünf«. Er sprach die Brüder mit Namen an, sie lebten an seiner Seite weiter. Besonders mit dem zweiten Bruder sprach er oft, zum Beispiel auf dem Schulweg. Seinen Zuspruch glaubte er wirklich zu hören, wenn Mitschüler ihm auflauerten, um ihn wieder zu drangsalieren. So befreite sich der Junge aus der Symbiose mit der Mutter, indem er seine toten Brüder in der Fantasie neu erschuf und sich mit ihnen als Gefährten umgab.

In einer anderen Familie bezogen Schwester und Bruder die verstorbene Schwester regelmäßig in ihr Spiel ein, sie ließen sie an ihrem geschwisterlichen Leben wie eine Lebende teilhaben. Geschwister können sich also selbst miteinander aus dem Klammergriff, aus der erstickenden Identifizierung mit einem toten Geschwister befreien. Indem sie ein totes Geschwister in ihre Fantasie, ihr Spiel einbeziehen, erleben sie sich als lebendige Geschwister und lösen sich vom toten, bleiben aber mit ihm verbunden. Hier zeigt sich wieder die kreative, heilende Kraft der Fantasie, die sich Kinder allerdings nicht immer spontan erschließen.

Wenn mehrere Geschwister einen Bruder oder eine Schwester verlieren, genügt vielleicht ein Anstoß im Rahmen einer Beratung, um eine Gestaltung in der Fantasie anzuregen. Ein einzelnes überlebendes Geschwisterkind kann vielleicht in einer Kindergruppe die Möglichkeit entwickeln, im Spiel und in der Fantasie mit seinem verstorbenen Geschwister in Kontakt zu kommen. In wieder anderen Fällen kann eine Kindertherapie angezeigt sein.

Die Unterstützung von Geschwistern lebensverkürzend erkrankter oder gestorbener Kinder findet heute in der Kinder- und

Jugendpsychiatrie, in der Familientherapie und in der psychosozialen Prävention zunehmend Beachtung (etwa das Geschwisterprojekt des Deutschen Kinderhospizvereins; Di Gallo et al. 2003). Wir sollten unseren therapeutischen Blickwinkel erweitern und dort, wo wir zunächst psychotherapeutisch nur mit Erwachsenen arbeiten, die Situation von deren Kindern diagnostisch miterfassen und stärker mit Beratungsstellen und psychosozialen Diensten kooperieren.

Zu schwersten Identitätsproblemen führt die *Ersatzkind-Dynamik*. Die Eltern wollen das verlorene Kind (bewusst oder unbewusst) durch ein neues ersetzen, oft geben sie ihm sogar denselben Namen. Sie sehen das neue Kind als Ersatz und messen es ständig am idealisierten Bild des verstorbenen. Das elterliche Trauma wird dem nachfolgenden Geschwister transgenerational implantiert. In Deutschland findet sich bei den im Krieg Geborenen häufig die Variante eines Ersatzgeschwisters, bei der noch eine intergenerationale Verwirrung hinzukommt: Ein Sohn soll für die Mutter oder den Vater einen im Krieg umgekommenen Bruder ersetzen – erkennbar oft daran, dass ein Kind denselben Vornamen wie der umgekommene Onkel trägt.

Die intergenerationale Verwicklung kann noch weiter gehen:

> Gisela war das »Lieblingskind« ihrer Großmutter, als Ersatz-»Kind« für deren bei der Geburt verstorbene älteste Tochter Gisela. Giselas Mutter »schenkte« ihrer Mutter (mit der Namensgebung) die eigene Tochter, weil sie selbst (im Schatten der verstorbenen Schwester) keine mütterliche Liebe bekommen hatte. Jetzt hoffte sie, auf diese Weise spät noch die Liebe ihrer Mutter zu gewinnen.
>
> Gisela überholte ihre zehn Monate ältere Schwester in der Entwicklung und fühlte sich ihr gegenüber wie die Ältere. Sie hatte Angst, ihre Schwester könne sterben, wenn sie nicht ständig für sie da wäre, half ihr beim Abitur wie eine ältere Schwester und gab ihr Medizinstudium auf, weil die Schwester Medizin studieren wollte. Gisela identifizierte sich also mit ihrer Rolle als Ersatzkind und – zusätzlich die Generationen vermischend – mit der Position der älteren Schwester (ihre verstorbene Tante war die ältere Schwester von Giselas Mutter). Und sie übernahm transgenerational die Überlebensschuldgefühle, die sie bis zur Selbstaufgabe gegenüber ihrer Schwester trieben.

Im Ringen um die eigene Identität erschlossen sich zahlreiche bekannte Künstler und Autoren eine Quelle von Inspiration und Kreativität (wie die »Ersatzkinder« van Gogh, Salvador Dali, Hans Henny Jahnn, Heinrich Schliemann), aber bei den meisten vom Ersatzkind-Schicksal Betroffenen wirkt sich die Identifikation mit dem toten Geschwister lebensbehindernd aus. Jedes nachgeborene Kind muss einen eigenen Trauerprozess durchleben, um sich vom toten Geschwister zu lösen, auch wenn es dieses Brüderchen oder Schwesterchen gar nicht kennengelernt hat: ›Ich bin ich, das andere ist mein gestorbenes Geschwister, das ich verloren habe.‹ Kommt die intergenerationale Verwirrung noch hinzu, erfordert die therapeutische Bearbeitung zusätzlich eine Abgrenzung: ›Meine Großmutter hat ihre älteste Tochter verloren; das wäre meine Tante gewesen; meine Mutter hat ihre ältere Schwester verloren; ich bin die jüngere Schwester und nicht verantwortlich für meine ältere Schwester; es ist schön, dass wir zwei Schwestern sind!‹

In Psychotherapien mit Kindern, die familiendynamisch die Stelle eines Ersatzkinds einnehmen, wird der verzweifelte Kampf um eine Individuation sichtbar. Hubert Urban beschreibt eindringlich die Therapie mit einem elfjährigen Mädchen als Auflösung des elterlich-vertikalen Introjekts und Aneignung der toten Schwester in einer horizontalen Beziehungsfantasie. Das Mädchen stellt sich (zwei Jahre nach Therapiebeginn) vor, »wie das Zusammenleben mit einer großen Schwester wohl wäre. Wenn ihre Schwester noch lebte, zöge sie deren Kleider an, sie gingen gemeinsam in Ferien. Ihre Schwester würde sie sicherlich beschützen und würde ihr ihre schönen Kleider leihen. Aber sie habe auch bei einer Klassenkameradin beobachten können, dass Beziehungen zwischen Schwestern nicht immer einfach sind, und sie stellt fest: ›Wahrscheinlich würden wir uns manchmal aber auch miteinander streiten‹« (Urban 1990, S. 41). Dann erst, nachdem die tote Schwester in der Fantasie zum Leben erweckt ist, kann ihr Verlust als ein eigener, geschwisterlicher Verlust betrauert werden. Über diesen Schritt – und über die Auflösung einer Geschwisterübertragung in der Schlussphase der Therapie – löst sich die Geschwisterfixierung.

## Verteilung von Verantwortung und Ungleichheit vor den Eltern

Ältesten sprechen wir eine Pionierfunktion darin zu, für sich und für die Geschwister Freiräume bei den Eltern zu erkämpfen. In westlichen Kulturen wird aber gegenüber anderen der Spielraum für »gesunde« ungleiche Verteilung von Verantwortung zwischen Geschwistern in der Familie enger gesehen. In nicht westlichen Kulturen ist zum Beispiel die Erziehungs- und Tutorfunktion älterer gegenüber jüngeren Geschwistern allgemein ausgeprägter.

Die Übernahme elterlicher Aufgaben durch ein Kind (gegenüber einem Elternteil oder gegenüber den Geschwistern, etwa durch die älteste Tochter bei einer Psychose der Mutter) nennen wir Parentifizierung. Therapeuten sollen sensibel werden für die damit verbundene Störung der geschwisterlichen Beziehungsentwicklung. Aber in Notsituationen ist die Übernahme von Verantwortung durch ein älteres Geschwister zunächst einmal nicht pathologisch, sondern eine Anpassungsleistung.

Im folgenden Fallbeispiel übernimmt der älteste Sohn einer nicht europäischen Flüchtlingsfamilie große Verantwortung. Dabei handelt er aus eigenem Antrieb, nicht im elterlichen Handlungsauftrag einer Delegation. Die Schilderung der Familiendynamik und der familientherapeutischen Intervention illustriert einen komplexen therapeutischen Prozess, die Übertragungsdynamik und die Verflechtung der geschwisterlich-horizontalen mit der elterlich-vertikalen Dynamik sowie mit der Paardynamik.

Der zwölfjährige Puhar meldete seine afghanische Flüchtlingsfamilie an: »Eigentlich brauche nicht ich Hilfe, sondern mein Vater.« Die Familie war seit über zwei Jahren in Deutschland: der 40-jährige Vater, die 39-jährige Mutter, der älteste Sohn Puhar, gefolgt vom elfjährigen Mahdi, dem zehnjährigen Quais, der achtjährigen Schwester Beheshta und dem fünfjährigen Mustafa. Beide Eltern sind schwer traumatisiert, der Vater als Mudschaheddinkämpfer psychisch und körperlich: »Eigentlich bestehe ich nur noch aus Löchern.« Vor den Augen der Mutter ermordeten die Taliban ihren Bruder. Auch die Kinder sind traumatisiert. Puhar: »Wenn ich schlafen gehen möchte, dann kommen auf einmal die Bilder.« Mahdi: »Bei uns, bei der ganzen Familie ist das so.« Beheshta: »Ich denke das auch.« Puhar: »Wir denken, dass jetzt der Bruder von meiner Mutter tot vor uns liegt.«

Die Eltern waren in ihren eigenen, redundant erzählten Geschichten gefangen, ihre Kinder kamen darin kaum vor, und sie vermochten die Situation der Kinder und was diese ihnen nahebringen wollten, kaum wahrzunehmen. Eine Zukunft sahen die Eltern nur noch für ihre Kinder, fühlten sich aber hilflos, sie dabei zu unterstützen. Der Vater: »Jetzt merken wir, dass wir alles falsch gemacht haben. Wir haben unser Land zerstört, wir haben unsere Kinder zerstört, und jetzt merken wir, dass es zu spät ist.« Die Mutter meint:

> »Nach all dem, was wir erlebt haben, habe ich überhaupt keine Geduld mehr und kann mich nicht mehr konzentrieren, mein Mann auch nicht. Manchmal versuche ich, mit den Kindern Hausaufgaben zu machen. Wenn wir dann zusammensitzen, bin ich mit meinen Gedanken woanders. Ich lese einen Satz, und sie sagen, dass ich total falsch bin. Also bin ich auf einer anderen Seite und die auf einer anderen, ich gebe es dann auf. Früher waren wir eine große Familie. Wir konnten über unsere Gefühle reden, wir waren immer füreinander da. Jetzt haben wir niemand, mit dem wir reden können. Wir müssen uns immer die Trauer, die Wut gegenseitig erzählen, ich erzähle das meinem Mann und er erzählt es mir. Ich möchte ihm helfen und bin allein.«

Als Eltern und als Paar fehlte ihnen die Kraft, aus diesem destruktiv-depressiven Kreislauf herauszufinden.

Das therapeutische Setting bestand aus Paarsitzungen (zusätzlich Einzelsitzungen zur Traumabehandlung) und Geschwistersitzungen. In den Paargesprächen lag der Fokus auf einer Zukunftsorientierung für das eigene Leben und in einer Förderung der Elternfunktion, das heißt der Fähigkeit, die Hilfeversuche und Fähigkeiten der Kinder wahrzunehmen und anzuerkennen.

Unter den Geschwistern ist Puhar der Wortführer, er integriert als Einziger in der Familie alle Geschichten: Die Kinder erlebten (in einem anderen Zimmer) die Ermordung des Onkels mit, wobei Puhar hinter der Gardine zusah, seine Geschwister jedoch am Zuschauen hinderte; sie erlebten mit (wieder nur durch einen

Raum getrennt), wie der verletzte Vater ohne Narkose operiert wurde und schrie; schließlich auf der Flucht, wie der Vater zurückbleiben und sterben wollte und nur die Mutter ihn dazu bringen konnte, sie nicht zu verlassen. Gegenwärtig erleben die Geschwister den Vater als böse, weil sie ihm ständig zu laut sind, er sie wegschickt und ihre Fragen zurückweist; das selbst Erlebte, das ständige Weinen der Mutter und die Gereiztheit des Vaters werden ihnen nicht erklärt.

Im Unterschied zu den Eltern als Paar ergänzen und unterstützen sich die Geschwister gegenseitig (etwa beim Zusammentragen komplexer Geschichten in deutscher Sprache), vor allem emotional. Dabei ist Puhar als Ältester parentifiziert gegenüber den Eltern wie gegenüber seinen Geschwistern, er hat sehr viel Verantwortung übernommen. Puhars Funktion lässt sich auch als strapazierte Rolle eines ältesten Bruders sehen, zumal die Kinder in Afghanistan das Geschwistermodell bereits erfahren haben: Puhar betrachtete den Bruder des Vaters als seinen eigentlichen Vater, weil der präsent war. Puhar erlebt sich in seiner Verantwortung als besonders wichtig und besonders belastet: »Ich bin [von allen Geschwistern] der Traurigste!«

Korrespondierend zur Haltung der Eltern, nur noch für eine gute Zukunft ihrer Kinder zu leben, lenken diese ihre ganze Aufmerksamkeit nur darauf, dass es den Eltern besser geht, und versuchen entsprechend, alles gut zu machen, gute Leistungen zu bringen etc. Puhar hat Strategien entwickelt, den Vater »wiederzubeleben«, die von den Geschwistern übernommen werden: Er bittet die Mutter, sich für den Vater schön zu kleiden und zu schminken; er versucht (vergeblich), den Vater mit eigener Musik aufzuheitern (er spielt auf einem Keyboard und singt Lieder wie »Kabul, du schöne Blume, werde ich dich wiedersehen?«); er regt seinen Bruder, einen sehr guten Fußballspieler, an, den Vater zu Turnieren einzuladen; er delegiert den Versuch nach Wiederbelebung des Vaters aktiv an den Therapeuten. Puhar wird also nicht zum Ersatzpartner; er versucht, die Verantwortung weiterzugeben.

In den Geschwistersitzungen wurde eine bedürftige Vaterübertragung auf den Therapeuten deutlich, in der die Kinder heftig um dessen Aufmerksamkeit konkurrierten – Konkurrenz in dieser

Ausrichtung als erwünschter erster Schritt einer Rückkehr zu horizontaler Geschwisterlichkeit, weil sie sich sonst gegen das parentifizierte Geschwister richtet! In der Vaterübertragung erlebten die Kinder eine Verankerung väterlicher Funktionen, die der Onkel in der Familie ausgeübt und die Puhar teilweise übernommen hatte. Die Kinder erlebten im Therapeuten den Onkel wieder und gleichzeitig sollte er ihren Eltern helfen. Therapeutisch ging es um die Themen: den Vater in seiner »bösen« und einschränkenden Dominanz zu verstehen; ein adäquates gemeinsames Trauern; ein Anerkennen der (von den Eltern nicht gesehenen) Versuche der Kinder, den Eltern ihre Fähigkeiten zu zeigen und sie so aus ihrer posttraumatisch intrusiven und depressiv-hoffnungslosen Situation zu befreien.

Der therapeutische Prozess führte zu einer ersten Entlastung der Geschwister von dem Druck, ihre Aktivitäten und ihr Bemühen auf die Wiederbelebung der Eltern zu konzentrieren. Mahdi konnte besser als Puhar auch eigene Probleme einbringen – er wechselte beispielsweise das Thema von der familiären Angst zu seiner Hauterkrankung, ein andermal zu einer Halserkrankung. Puhar wurde eifersüchtig und imitierte mit eigenen körperlichen Beschwerden den jüngeren Bruder, da dieser damit die Aufmerksamkeit des Therapeuten auf sich zog. Mahdi nahm auch nicht mehr hin, dass Puhar auf Fragen an seiner Stelle antwortete, er wandte dieses Muster selbst an und sprach jetzt schon mal für Puhar. Beheshta konnte sich, wiederum anders als Puhar, über ihre Eltern ärgern, und auch das registrierte Puhar und nahm es seinerseits auf.

Flankiert durch eine Unterstützung der Eltern und durch gute Erinnerungen an den väterlichen Onkel gelang so eine Veränderung der Geschwisterdynamik: Puhars Parentifizierung lockerte sich, und zwischen den Geschwistern, die in der therapeutischen Vaterübertragung zuerst um dessen Aufmerksamkeit konkurriert hatten, verlagerten sich die Interaktionen zu mehr Gegenseitigkeit. Ihr Konkurrieren horizontalisierte sich (das ist der zweite therapeutische Veränderungsschritt), und thematisch ging es deutlich mehr um das Vergleichen untereinander mit eigenen Themen und um eigene Zukunftsfantasien. Schließlich ergab sich eine atmosphärische Veränderung von einer mehr kämpferischen zu einer eher einander ergänzenden Haltung. Das Konkurrieren verlor in diesem dritten Schritt überhaupt an Bedeutung. Die Therapie endete ungeplant mit der Abschiebung der Familie in ein anderes Bundesland – eine bittere Realität für viele Flüchtlingsfamilien und ihre Therapeuten.

Der älteste Bruder hatte viel Verantwortung übernommen. Das war therapeutisch einerseits als Anpassungsleistung an die Notsituation der Familie anzuerkennen, andererseits war es auch Ziel, ihn – in Geschwistersitzungen – von dieser Verantwortung wieder zu entlasten, eigene Bedürfnisse der Geschwister zu unterstützen und das geschwisterliche Feld wieder für spielerische Interaktionen freizumachen. Die Ressourcen in dieser Familie lagen eindeutig bei den Geschwistern, während das Elternpaar in einer traumatischen Erstarrung gefangen war. Diese Überlegung ist grundsätzlich wichtig für den therapeutischen Ansatz mit dieser Patientengruppe – eine Kombination von Geschwistersitzungen und Paarsitzungen für die Eltern wird häufig das geeignete Setting bilden. Hilfreich war hier schließlich, dass der Therapeut eine Vaterübertragung übernahm (während in anderen Therapien eine Geschwisterübertragung angemessen sein mag). So zog der Therapeut die Konkurrenz der Geschwister auf sich und schützte damit den parentifizierten Bruder vor dieser Dynamik.

## Gewalt und sexueller Missbrauch

Viele unterschiedliche familiendynamische Muster können zu *Gewalt zwischen Geschwistern* führen. Es kann eine transgenerationale Dynamik gewaltsamer Beziehungen bestehen, ungelöste Konflikte der Eltern können über Projektion und Identifikation unbewusst von den Kindern übernommen werden (›Entweder du oder ich‹). Die »soziale Geburt« anlässlich der Geburt eines Geschwisters (›Es gibt Platz für dich und für mich‹) kann misslungen sein oder Geschwister bekämpfen sich aufgrund tatsächlicher oder empfundener ungerechter Behandlung oder die Geschwister sind ungenügend voneinander abgegrenzt.

Die therapeutischen Überlegungen bei Gewalt zwischen Geschwistern und bei Geschwisterinzest haben vieles gemeinsam. Ein Beispiel soll zunächst zeigen, dass beide Themen psychodynamisch verbunden sein können und wie sich eine spätere Aussöhnung anbahnen kann. Hier hatte der gewaltsame Umgang zwischen Bruder und Schwester die Funktion einer Inzestabwehr:

> Bis in die Adoleszenz bekämpften sich ein Bruder und seine zwei Jahre jüngere Schwester emotional heftig. Körperlich war ihr der Bruder an Kraft überlegen und er verletzte die Schwester auch ernsthaft. Sie ließ ihre Aggression an ihrem drei Jahre jüngeren Bruder aus (Affektverschiebung), solange sie ihm körperlich überlegen war – als Erwachsene erinnert sie sich daran mit Scham. Sie hatte die Familienbeziehungen gespalten erlebt: Der Bruder war nur der Mutter nahe, sie nur dem Vater. Die Geschwister hatten zwar getrennte Zimmer, doch respektierte der Bruder keine Grenzen, er stemmte einmal sogar die Badezimmertür auf, als sich die Schwester eingeschlossen hatte. Diese Übergriffe, sich gewaltsam Zugang zur Schwester zu verschaffen, eskalierten bis in Situationen, in denen der Bruder vor Wut so außer sich war, dass die Schwester Angst hatte, er bringe sie um.
>
> Im mittleren Erwachsenenalter empfand diese Frau den Wunsch, die zum Bruder bestehende große Distanz wieder zu verringern und den früheren geschwisterlichen Umgang zu verstehen. Sie konnte hinter den wieder auftauchenden Bildern der Gewalt zwischen den Geschwistern auch die vorhandene Sehnsucht nach einer Nähe zu *beiden* Eltern spüren, die vielleicht psychodynamisch die grenzverletzenden Übergriffe des Bruders hervorgerufen hatte. Und sie erinnerte sich, dass dieser Bruder ihre »große Liebe« war, bis dieses Verhältnis kippte und sie nur noch gegen ihn kämpfte.
>
> In einem ersten Reflexionsschritt ließ dieses »Kippen« der Geschwisterbeziehung den Sinn erkennen, Schutz vor einem Geschwisterinzest geboten zu haben (vor dem Hintergrund einer unerfüllten Sehnsucht nach Nähe zu den Eltern). Mit dieser psychischen Vorarbeit war für die Frau eine Voraussetzung zur Aussöhnung mit dem Bruder entstanden. Ein Kontaktinteresse erkannte sie auch beim Bruder und vermochte sich vorzustellen, dass dieser eine eigene, andere Sicht zum Familien- und Geschwistergeschehen mitbringen würde.

Nicht jede sexuelle Handlung zwischen Geschwistern hat traumatische Folgen. Eine Frau erinnerte sich, dass sie noch als Jugendliche das Petting mit ihren Brüdern genoss. Sie fühlte sich erleichtert, dass Sexualität zwischen Geschwistern auch »leicht« und unbeschwert bleiben könne. Sexuelles Probehandeln unter Geschwistern in der Kindheit ist nicht ungewöhnlich und gehört zum Erkennen des anderen Geschlechts. Auch sexuelle Fantasien von Kindern sind, neben ödipalen Fantasien, oft mit Geschwisterfantasien und -praktiken verbunden, wie schon Ernest Borneman anhand von Kinderversen belegt hat (Borneman 1980).

Eine 17-Jährige ließ keine Schuldgefühle, kein negatives Selbstkonzept oder sonstige traumatische Folgen eines seit Beginn der Adoleszenz bestehenden Geschwisterinzests mit dem ein Jahr älteren Bruder erkennen. Auch die Familienbeziehungen waren unauffällig. Die Schwester forderte den Bruder gewohnheitsmäßig zum Geschlechtsakt auf, wenn sie Geld brauchte; sie ließ sich vom Bruder bezahlen. Jetzt litt die Jugendliche unter der Scham, etwas gesellschaftlich Verbotenes zu tun, was sie vor ihren Peers geheim halten musste, und unter der Angst vor Bloßstellung. Die therapeutische Intervention konnte sich nach der von ihr entschiedenen Beendigung des sexuellen Umgangs und einer Klärung mit dem Bruder auf die Validierung ihres individuellen Erlebens in Abgrenzung zum kulturellen Inzesttabu beschränken. Spätere Langzeitfolgen sind allerdings auch bei Symptomfreiheit wie bei dieser Jugendlichen nicht auszuschließen.

Der Geschwisterinzest geschieht auf horizontaler Ebene zwischen strukturell Gleichen. Insofern sind sexuelle Handlungen einvernehmlich möglich, der Geschwisterinzest kann ohne traumatische Folgen bleiben (Hirsch 1999). Wird der Inzest mit Gewalt erzwungen, ist dagegen eine potenzielle Traumatisierung anzunehmen (ebd., S. 175f.). Eine normative Abgrenzung einvernehmlicher sexueller Aktivität zwischen Geschwistern und inzestuöser Gewalt für Situationen, in denen einer der Beteiligten ein Kind unter 14 Jahren ist, kann nur eine grobe Orientierung bieten: Ein Übergriff liegt vor, wenn Gewalt, Zwang oder Bedrohung angewendet wurde, wenn eine Verletzung dokumentiert ist oder wenn ein Altersunterschied von mindestens fünf Jahren besteht (dann kann durch das Macht- und Entwicklungsgefälle kein Einvernehmen des jüngeren Kindes mehr angenommen werden). Inzestuöse Kontakte unter Geschwistern in der beginnenden Adoleszenz blockieren die geschwisterliche Ablösung und die psychosexuelle Individuation und Identitätsfindung mit außerfamiliären Partnern (Sohni 1999b).

Grundsätzlich werden zwei Formen von Geschwisterinzest unterschieden: einerseits der machtorientierte Inzest, der eine Form sexueller Gewalt darstellt, andererseits der fürsorglich-liebevolle Inzest, der einvernehmlich geschieht, von Lust und gegenseitiger Loyalität geprägt ist und von den Geschwistern als Insel liebevoller Zuwendung in einer emotional defizitären familiären Umwelt erlebt wird (Bank/Kahn 1991). Um der Gefahr einer Verharmlosung zu entgehen und weil der Geschwisterinzest die am wenigsten erforschte Form des Inzests ist (aber wahrscheinlich die häufigste), ist bei einem Geschwisterinzest im Kindes- und Jugendalter bis zum Ausschluss einer Schädigung von einer Traumatisierung auszugehen (Romer/Walter 2002).

*Diagnostisch* sind beide Kinder und die Familiendynamik zu untersuchen, einschließlich des Risikos zur transgenerationalen Weitergabe der Missbrauchsdynamik. Bei einvernehmlichem Inzest kann die notwendige Abspaltung von Liebe und Sexualität später zu sexuellen Funktionsstörungen und bei der Partnersuche zu promiskuitivem Verhalten führen, das als verzweifelte Suche nach einem Ersatzbruder beziehungsweise nach einer Ersatzschwester verstanden werden kann. Familiendynamisch findet sich das Phänomen einer doppelten »Mauer des Schweigens« (Bar-On 1991): Die von traumatischen Erfahrungen Betroffenen können sich aus Angst-, Scham- oder Schuldgefühlen nicht äußern und die Eltern verleugnen und bagatellisieren häufig das Inzestgeschehen.

Oft bestehen in der Familie unklare Generationsgrenzen. Nicht selten ist eine transgenerationale Dynamik wirksam. Die Tabuisierung eines eigenen Inzesttraumas – meistens durch die Mutter – führt dazu, dass es durch eine unbewusste Weitergabe auf dem Weg der projektiven Identifizierung zur Reinszenierung durch die Kinder kommt, also zwischen den Geschwistern.

Fehlt ein horizontales Modell einer psychosexuell intakten Paarbeziehung auf der Erwachsenenebene, dann spielen Bruder und Schwester nicht ein Paar *wie* die Eltern, sondern *anstelle* der

Eltern: Ein neunjähriger Junge und seine fünfjährige Schwester fantasierten verbal sexuelle Szenen (›Ich stecke den Schlüssel bei dir hinten oder noch besser vorn rein‹), lachten wie beim Erzählen »schmutziger« Witze und vermittelten den Eindruck einer inzestuösen Atmosphäre. In der Familiendiagnostik zeigte sich, dass die Eltern ihre Sexualität als Paar verdrängten; die Anspielungen der Kinder verstanden sie nicht. Dieses Fehlen eines intergenerationalen Paarmodells kann für das Geschwisterpaar zum Scheitern einer psychosexuellen Beziehungsreifung und zum Inzest führen (Sohni 1999b).

*Therapeutisch* ist wegen der familiären Beziehungsstörung einerseits eine längerfristige Trennung des Täters von der häuslichen Umgebung erforderlich, andererseits eine familientherapeutische Intervention (wenn der Schutz vor Wiederholung des Missbrauchs sichergestellt ist). Dem Opfer ist eine Einzeltherapie anzubieten, in der es in einem geschützten Raum sein Erleben mitteilen kann, ohne der verleugnenden Abwehr der übrigen Familie ausgesetzt zu sein. Auf dieser Basis kann familientherapeutisch versucht werden, Generationsgrenzen wiederherzustellen und eine offene Kommunikation zu ermöglichen. Dies setzt voraus, dass der Täter die Verantwortung für sein Verhalten übernimmt (Romer/Walter 2002, S. 160).

Für die Einzeltherapie im Erwachsenenalter nach Geschwisterinzest in der Kindheit ebenfalls zuerst ein Beispiel:

> Eine Frau Mitte dreißig kam in die Therapie, weil sie ihre Partnerbeziehung als stagnierend empfand. Sie musste jede Differenz mit ihrem Partner ängstlich vermeiden, zwanghaft mit ihm übereinstimmen. Auch geschwisterlichen Streit zwischen ihrer vierjährigen Tochter und deren achtjährigem Bruder ertrug sie nicht. In der Therapie gewann die Frau ein neues Verständnis biografischer Szenen. Hatte sie bisher die Beziehung zu ihrem Vater idealisiert – zusammen waren sie wie auf einer paradiesischen Insel vereint (die Eltern waren zerstritten, das Familienklima bedrückend) –, entdeckt sie jetzt den Preis dafür: Nie durfte sie anderer Meinung sein, nie etwas anderes wollen als der Vater, der andernfalls böse wurde und nicht mehr mit ihr sprach.
>
> In der Paarbeziehung erlebte sie ihren Mann wie ihren Vater. Sie musste wollen, was er wollte – wurde er mit ihr unzufrieden, traf sie

das tief, und sie fürchtete sich davor, einer lähmenden Situation wie damals mit dem unzufriedenen Vater ausgeliefert zu sein. Nachdem für die Frau der Austausch mit ihrem Partner lebendiger wurde, begann sie von sexuellen Schwierigkeiten zu sprechen. Die Spur führte zurück zu ihrem Bruder. Die Eltern waren emotional nicht erreichbar, den sechs Jahre älteren Bruder bewunderte sie. Der erklärte ihr die Welt, zu ihm durfte sie nachts ins Bett kommen, wenn sie mit Angstträumen aufwachte – der führte sie aber auch in die Sexualität ein. Sie habe da viel mehr mitgemacht, als sie selbst wollte. Die geschwisterliche Beziehung stand unter dem Druck: ›Ich muss machen, was der Bruder (sexuell) von mir will, sonst droht der Verlust von allem, was ich an ihm habe.‹ Auch dieses Muster übertrug die Frau auf ihre Paarbeziehung, sie erlebte ihren Partner wie ihren Bruder. Sie musste tun und wollen, was er sexuell von ihr wollte.

So verknüpften sich für die Frau in ihrer Paarbeziehungsstörung eine vertikale und eine horizontale Übertragung. Wäre sie anderer Meinung als ihr Partner, könnte sie ihn verlieren wie den Vater; und hätte sie eigene sexuelle Wünsche, könnte sie ihn verlieren wie den Bruder. So trug sie eine doppelte Angst vor Verlust mit sich.

Im therapeutischen Prozess ging es um ein Betrauern entbehrter Eltern- und Geschwisterliebe, um ein Auftauchen der Wut hinter der Angst in den Beziehungen zum Vater und zum Bruder, um die Rücknahme der Projektionen auf den Partner und die Kinder sowie um einen neuen Raum für die Paarbeziehung als Partner auf Augenhöhe. Die Entschlüsselung der Konfliktvermeidung und die Aufhebung der Angst – die einem Abstreifen von Fesseln glich – führte über elterliche und geschwisterliche Szenen. Erst indem der Therapeut Raum für beide Szenarien bieten konnte, wurde eine ausgewogene therapeutische Veränderung möglich.

Wie die Geschichte dieser Frau zeigt, bleibt auch der »fürsorgliche« Geschwisterinzest, der von den Geschwistern als Insel liebevoller Zuwendung in einer emotional defizitären familiären Umgebung erlebt wird, nicht ohne traumatische Folgen. Das vielleicht anfängliche Einvernehmen kippt doch rasch in eine einseitige Abhängigkeit beziehungsweise in ein Machtgefälle, in dem bei der Schwester Verlustangst die treibende Kraft wird und sich dies als Störungsmuster auf die spätere Partnerbeziehung überträgt.

Ein anderes psychodynamisches Muster entsteht zwischen Geschwistern, meist Schwestern, wenn eine in der Kindheit Opfer eines Inzests wurde, die andere davon verschont blieb. Diese Form ist wahrscheinlich häufig und führt zu einer typischen, tragischen Entzweiung der Geschwister. Hinweise vonseiten der nicht dem Trauma ausgesetzten Schwester sind eher gegen das Inzestopfer gerichtet: Vorwürfe, Kontaktabbruch, Entwertung, eine Angriffshaltung. Der Missbrauch und die traumatischen Folgen für die Schwester werden von der anderen geleugnet oder verharmlost. Insbesondere verleugnet die »heil« davongekommene Schwester die Geschwisteridentität und das Aufwachsen mit der Schwester als gemeinsam geteiltes Leben, in dem die eine geschädigt wurde, die andere nicht. Damit verweigert sie ihrer Schwester die Anerkennung des Opfers, dem sie selbst ihre Unversehrtheit verdankt – und kränkt sie damit tief.

Diese Haltung resultiert aus unbewussten Schuldgefühlen, einer Abwehr des Mitbetroffenseins und Angst vor dem Anspruch auf Wiedergutmachung. Mit der Anerkennung fehlt aber gerade die Voraussetzung zur Versöhnung und beide Schwestern leben dauerhaft in einer vergifteten Atmosphäre. Zwei Beispiele sollen diese schwere Beziehungsstörung zwischen Geschwistern und ihre Versuche zur Wiederannäherung plastisch machen:

> Eine fünfzigjährige Frau beklagte in einer Gruppentherapie, ihre ältere Schwester habe vor einigen Jahren den Kontakt zu ihr abgebrochen. Sie fühle sich gekränkt, verletzt, schlecht behandelt und werfe der Schwester vor, sie übervorteile sie beim Erbe. Auch käme die Schwester mit ihren Männerbeziehungen nicht zurecht. Beiläufig ergänzte die Frau, ihre Schwester sei als Kind über längere Zeit von einem Onkel sexuell missbraucht worden, sie selbst sei geschützt gewesen. Ein Gruppenteilnehmer brachte die Geschwisterdynamik auf den Punkt: »Du kannst deiner Schwester gar nicht genug danken, dass sie dir das abgenommen hat – da reichen drei Häuser nicht zum Ausgleich!«
>
> Diese Frau empfand in der Gruppentherapie bereits den Leidensdruck über ihre gestörte Geschwisterbeziehung (als Vorbedingung für eine Veränderung), war aber doch sehr erstaunt über ihren eigenen Anteil an der Persistenz der Störung: die identifikatorisch-projektive Psychodynamik um die Traumatisierung zwischen ihr und der Schwes-

ter, die aggressiven und autoaggressiven Anteile ihres Abrückens und die Reaktionsbildung auf ihre Schuldgefühle in Form von Beschuldigungen gegen die Schwester. Sie konnte diese Entwicklung betrauern, ihre Lähmung löste sich und sie fühlte sich imstande, auf die Schwester zuzugehen.

Der reale Annäherungsprozess der Schwestern verlief in kleinen Schritten, nicht ohne Enttäuschungen, brauchte Zeit und Unterstützung (vom Therapeuten, von den Gruppen-»Geschwistern« beziehungsweise von anderen Dritten).

Die therapeutischen Erwartungen sollten sich bei solchen tief sitzenden Verletzungen nicht auf eine euphorische Verschwisterung ausrichten, dürfen aber mit dem geschwisterlichen Leidensdruck und dem beidseitigen Wunsch nach einer besseren Beziehung als Dauerpotenzial rechnen.

Die 17-jährige Marguerite brachte eine ähnliche Geschwisterdynamik mit. Die hübsche, mit ihren roten Wangen gesund und fröhlich wirkende Jugendliche wurde wegen ausgeprägter Suizidalität in einer jugendpsychiatrischen Klinik aufgenommen. Als Erstgeborene von zwei eineiigen Zwillingsschwestern war sie im Alter von sieben bis neun Jahren von ihrem Kinderbetreuer schwer sexuell missbraucht worden. Sie erduldete dies unter der Drohung, wenn sie etwas verrate, werde ihrer Zwillingsschwester dasselbe passieren. Der Missbrauch endete erst, als sie im Alter von zehn Jahren gegenüber ihrer Mutter darauf bestand, sie bräuchten keine Kinderbetreuung mehr. Den Missbrauch selbst konnte sie erst ihrer Therapeutin eröffnen, langsam und vorsichtig, als wolle sie die Therapeutin schützen.

Erst als dies angesprochen werden konnte, gelang es der Patientin, nach und nach über ihre Missbrauchserlebnisse, Alpträume, Trigger für Flashback-Erlebnisse zu sprechen. Die Bereitschaft zu geschwisterlicher Beziehungsaufnahme spiegelte sich in der Therapie in einer Geschwisterübertragung wider: In ihrer Therapeutin fand sie eine fröhliche, sensible und emotional berührbare »Schwester«, mit der sie die Öffnung ihrer Themen inszenieren konnte.

Erst nach vier Wochen stationärer Behandlung ließen die Eltern erste Familiengespräche zu. Marguerite hatte anfangs das Gefühl, mit ihren Bedürfnissen alleinzustehen und sich um die Bedürfnisse anderer kümmern zu müssen (altruistische Abwehr). Es wurde ein langjähriger Paarkonflikt der Eltern deutlich, in dem sich Marguerite schon über viele Jahre als gute Zuhörerin für andere »angeboten« hatte, wie viele Missbrauchsopfer gefangen in und identifiziert mit einer Opferrolle.

Die Schwester weigerte sich kontinuierlich, sich mit ihrer missbrauchten Zwillingsschwester als »Alter Ego« auseinanderzusetzen, ihr Opfer anzuerkennen. Sie (die Zweitgeborene) war erst durch den Missbrauch in die Rolle der führenden Zwillingsschwester gelangt, vom Vater vorgezogen, schulisch erfolgreicher, sozial aktiver. In der de facto bestehenden Trennungssituation der Eltern kam es durch die Weigerung der Schwester, den Kontakt aufrechtzuerhalten, zu einer Trennung der Entwicklungswege beider Schwestern (statt zu einer Solidarisierung).

In der Therapie wurde die Schwester häufig symbolisch durch einen leeren Stuhl mit einbezogen, sodass das Trennende, das »Ungesagte« und die Trauer um die verlorene Geschwisterbeziehung Raum und Ausdruck finden konnten. Während einer Therapiesequenz nahm ein männlicher Therapeut an den Sitzungen teil. Er übernahm die – in diesem Fall sehr effiziente – Traumabehandlung, war als hilfreicher Dritter präsent und als männliche Beziehungsfigur verfügbar.

Die Wiederannäherung der Schwestern auf der Realebene kam erst gegen Ende der Therapie zustande, nachdem Marguerite den Mut zu einer Anzeige fand und im Gerichtsverfahren ihre Glaubwürdigkeit deutlich wurde. Unter diesem Eindruck vermochte die auf Distanz gegangene Schwester Marguerite und deren Weg anzuerkennen und ihr das auch zu sagen. Zu diesem Gelingen trug bei, dass Marguerite mit Rückbildung ihrer Symptomatik und nachlassender Isolierungsneigung weniger bedrohlich und »kontaminierend« wirkte. Die Gespräche der Schwestern blieben oberflächlich, zumindest allerdings war wieder ein geschwisterlicher Kontakt ohne die »Last des Schweigens« möglich.

Die Fallbeispiele zu Gewalt, sexuellem Missbrauch und zu den anderen Themen zeigen das mögliche Ausmaß zerstörerischer Kräfte zwischen Geschwistern und die Tragik und Tiefe mitunter lebenslanger Verletzungen und Unversöhnlichkeit. Nicht immer erfüllen sich die Wünsche von Therapeuten und von Geschwistern, den Bruder beziehungsweise die Schwester wieder oder je zu erreichen.

Geschwister und Therapeuten brauchen nicht selten einen langen Atem, um eingefrorene oder »vergiftete« Geschwisterbeziehungen in Bewegung zu bringen. Die Beispiele zeigen zugleich, dass eigene Reflexionsprozesse eine projektiv der Schwester oder dem Bruder zugeschobene Verweigerung als eigene Fixierungen erkennen lassen und Veränderungen induzieren oder katalysieren können.

Es gilt, das mögliche Ausmaß einer gestörten Geschwisterdynamik und das Ressourcenpotenzial dieser Dynamik gleichermaßen ernst zu nehmen. Eine geschwisterliche Haltung will geübt sein. Eine Versöhnung Erwachsener mit den eigenen Eltern fällt oft mit dem Abschied von ihnen zusammen, während eine Versöhnung mit den eigenen Geschwistern vielleicht die Chance eröffnet, in ihnen Weggefährten zu gewinnen.

## Sensibel werden für die Geschwisterdynamik – Schlussbemerkung

Die Darlegungen in diesem Buch wollen zu einer größeren Wertschätzung der Geschwisterdynamik beitragen. Geschwister machen einen wesentlichen Teil unseres Lebens aus. Wir werden in ein horizontales und ein vertikales Beziehungsfeld hineingeboren, Geschwister begleiten uns lebenslang. Sie sind eine wichtige Beziehungsressource.

Als Psychotherapeutinnen und Psychotherapeuten können wir sensibler werden für die Bedeutung von Geschwistern und für diese horizontale Ebene der Familienbeziehungen. Dann greifen wir früh Gelegenheiten auf, Geschwister in ihren Wünschen dazu zu ermutigen, sich auszutauschen oder stagnierende Beziehungen wieder in Bewegung zu bringen. Mit zunehmender Sensibilität empfinden wir die Elternachse und die Geschwisterachse als gleichwertig und beziehen die Geschwister in Therapien ein. In Familienkrisen und -umbrüchen unterstützen Geschwistersitzungen die Geschwister dabei, aus dem Sog einer pathologischen Dynamik heraus- und neu zusammenzufinden. Bei individuellen Störungen geht es darum, auch den Verlust der Geschwisterebene mitzuspüren und ihr Wiederfinden in die therapeutischen Ziele aufzunehmen.

Es geht um mehr Geschwisterarbeit in der Psychotherapie und in der therapeutischen Ausbildung. Psychotherapeuten sollten, egal in welchem Setting sie arbeiten wollen, die Möglichkeit nutzen, sich in einer Gruppenselbsterfahrung auch in ihren Geschwistergeschichten kennenzulernen. So wachsen die Chancen, Geschwister in die Übertragung einzubeziehen, und so wird es erleichtert, eine Horizontalisierung der therapeutischen Beziehung in die professionelle Haltung aufzunehmen.

Geschwisterkonflikte spielen in der Einzel-, Familien- und Gruppentherapie eine wesentliche Rolle. Mit aufmerksamem Blick und zunehmender Übung lässt sich die Geschwisterdynamik auch bei tieferen und länger gestörten Geschwisterbeziehungen als Ressource nutzen. Dabei kann sich auch eine Geschwistertherapie als Setting eignen, an der mehrere Geschwister gemeinsam teilnehmen.

Die Initiative zur Geschwisterarbeit kann auch von erwachsenen Geschwistern direkt ausgehen. Ab dem mittleren Erwachsenenalter kann wachsendes Vertrauen in die Fähigkeit, das eigene Leben selbst in die Hand nehmen zu können, zu dem Impuls führen, mit alten elterlichen Zuschreibungen und bisher mitgeschleppten Projektionen aufzuräumen – im Wunsch nach geschwisterlicher Nähe und im Vertrauen auf eine Neugestaltung der Beziehung. Die Neugier kann einen Austausch darüber in Gang setzen, wie sich die Geschwister erlebt haben. Ähnlich wie bei Paaren kann aber das Gespräch zwischen Geschwistern ohne therapeutische Moderation aufgrund unbewusster Ambivalenz misslingen.

Im Vergleich zu Paaren, die sich zu einer gemeinsamen Therapie entschließen, ergreifen heute noch nicht viele erwachsene Geschwister selbst die Initiative zu einer gemeinsamen Therapie. Ich bin zuversichtlich, dass sich das mit wachsender Sensibilisierung auf therapeutischer Seite und mit zunehmender gesellschaftlicher Beachtung der Geschwister als Beziehungsressource ändern wird. Die Geschwistertherapie nimmt den Rang eines eigenen Settings ein.

Im Kern geht es um mehr Zutrauen in die Geschwisterdynamik und in das Potenzial horizontaler Beziehungen. Widerstand dagegen ist nicht nur bei Vätern und Müttern, sondern auch bei Geschwistern zu finden, weil dieser Schritt auf ungewohntes Gelände allen Angst machen kann.

Die Herausforderung an uns Psychotherapeutinnen und -therapeuten im Hinblick auf mehr Zutrauen in die horizontale Dynamik ist nicht abkoppelbar von der gleich lautenden gesellschaftlichen Herausforderung: Wie lassen sich menschliche Beziehungen anders gestalten als über Dominanz und Unterwerfung? Wie kann ein horizontaler Dialog entstehen? Dabei bedeutet es kein Scheitern des geschwisterlichen Modells, wenn mit dem Abschmelzen oder Loslassen hierarchischer Macht erst einmal ein Vakuum und nicht gleich eine funktionierende geschwisterliche Struktur entsteht. Es gibt keine Solidarität unter Erwachsenen ohne den Prozess gemeinsamen Übens. Zu demokratischen Strukturen gehören Konflikte und zu deren Lösung die Anerkennung von Verschiedenheit. Geschwisterlichkeit heißt nicht Harmonie, sondern Konfliktfähigkeit.

Unter einem psychoanalytischen Konzept der Geschwisterbeziehungen verstehe ich die hier versuchte Darstellung, wie sich Geschwisterbeziehungen unter günstigen Bedingungen entfalten und welche Kraft sie dabei freisetzen können. Das Konzept wird nicht durch neue Begriffe umgesetzt, sondern in einem wachsenden Zutrauen in die Geschwisterdynamik. In der psychotherapeutischen Szene ist dieser Wandel deutlich beobachtbar, zu seiner Verstärkung können wir alle beitragen.

# Literatur


Abarbanel, J. (1983): The revival of the sibling experience during the mother's Second Pregnancy. The Psychoanalytic Study of the Child 38, 353–379.

Adam-Lauterbach, D. (2007): Psychodynamische und psychopathologische Aspekte von Geschwisterbeziehungen. Forum Psychoanal. 23, 203–218.

Adler, A. (1927): Menschenkenntnis. Kapitel 8: Geschwister. Leipzig (Hirzel), S. 117–124.

Adler, A. (1933): Der Sinn des Lebens. Wien (R. Passer).

Bank, S.P. & Kahn, M.D. (1991): Geschwister-Bindung. Paderborn (Junfermann).

Bar-On, D. (1991): Die Last des Schweigens. Frankfurt a.M. (Campus).

Bauriedl, T. (1980): Beziehungsanalyse. Das dialektisch-emanzipatorische Prinzip der Psychoanalyse und seine Konsequenzen für die psychoanalytische Familientherapie. Frankfurt a.M. (Suhrkamp).

Bauriedl, T. (1994): Auch ohne Couch. Psychoanalyse als Beziehungstheorie und ihre Anwendungen. Stuttgart (Internationale Psychoanalyse).

Bauriedl, T. (2001): Die innere Welt des Psychoanalytikers. In: Herberth, F. & Maurer, J. (Hg.): Die Veränderung beginnt im Therapeuten. Frankfurt a.M. (Brandes & Apsel), S. 11–40.

Bateson, G. (1979): Mind and nature. New York (Bantam Books).

Beauvoir, S. de (1968): Memoiren einer Tochter aus gutem Hause. Reinbek (Rowohlt).

Bedford, V.H. (1993): Geschwisterbeziehungen im Erwachsenenalter. In: Auhagen, A.E. & Salisch, M.v. (Hg.): Zwischenmenschliche Beziehungen. Göttingen (Hogrefe), S. 119–141.

Benjamin, J. (1990): Die Fesseln der Liebe. Psychoanalyse, Feminismus und das Problem der Macht. Frankfurt a.M. (Stroemfeld/Roter Stern).

Berger, M. (1987): Das verstörte Kind mit seiner Puppe – Zur Schwangerschaft in der frühen Adoleszenz. Prax. Kinderpsychol. Kinderpsychiat. 36, 107–117.

Bindel-Kögel, G. (2009): Gemeinsam oder getrennt? Materialien 11.1. München (Eigenverlag).

Blickpunkt Pflegekinder (1997): Hg. v. PFIFF e.V. Hamburg. Ausgabe 1.

Bohleber, W. (1992): Identität und Selbst. Die Bedeutung der neueren Entwicklungsforschung für die psychoanalytische Theorie des Selbst. Psyche 46, 336–365.

Borneman, E. (1980): Unsere Kinder im Spiegel ihrer Lieder, Reime, Verse und Rätsel. Berlin (Ullstein).

Chamberlain, S. (1997): Hitler, die deutsche Mutter und ihr erstes Kind. Gießen (Psychosozial-Verlag).

Cierpka, M. (1992): Die Entwicklung des Familiengefühls. Forum Psychoanal. 8, 32–46.

Cierpka, M. (1999): Unterschiede und Gemeinsamkeiten bei Geschwistern. In: Sohni, H. (Hg.): Geschwisterlichkeit. Horizontale Beziehungen in Psychotherapie und Gesellschaft. Göttingen (Vandenhoeck & Ruprecht), S. 10–31.

Coles, P. (2003): The importance of sibling relationships in psychoanalysis. London (Karnac).

Conger, K. & Little, W. (2010): Sibling relationships during the transition to adulthood. Child Dev. Perspect. 4, 87–94.

Diepold, B. (1988): Psychoanalytische Aspekte von Geschwisterbeziehungen. Prax. Kinderpsychol. Kinderpsychiat. 37, 274–280.

Di Gallo, A. et al. (2003): Geschwister krebskranker Kinder. Prax. Kinderpsychol. Kinderpsychiat. 52, 141–155.

Dolto, F. (1988): Über das Begehren. Die Anfänge der menschlichen Kommunikation. Stuttgart (Klett).

Dunn, J. (2007): Siblings and socialization. In: Grusec, J. & Hastings, P.D. (Hg.): Handbook of socialization. Theory and research. New York (Guilford Press), S. 309–327.

Dunn, J. & Plomin, R. (1996): Warum Geschwister so verschieden sind. Stuttgart (Klett).

Dunn, J.; Plomin, R. & Nettles, M. (1985): Consistency of mother's behavior towards infant siblings. Developmental Psychology 21, 1188–1195.

Erdheim, M. (1993): Psychoanalyse, Adoleszenz und Nachträglichkeit. Psyche 47, 934–950.

Ernst, C. & Angst, J. (1983): Birth order: its influence on personality. Berlin (Springer).

Eßlinger, E. et al. (Hg.) (2010): Die Figur des Dritten. Ein kulturwissenschaftliches Paradigma. Berlin (Suhrkamp).

Ferenczi, S. (1908): Zur Organisation der psychoanalytischen Bewegung. In: Balint, M. (Hg.): Ferenczi. Schriften zur Psychoanalyse. Bd. 1. Frankfurt a.M. (Fischer) 1970.

Fonagy, P. & Target, M. (2007): Psychoanalyse und die Psychopathologie der Entwicklung. Stuttgart (Klett).

Franzen, G. & Penth, B. (Hg.) (1992): Hüten und Hassen. Geschwister-Geschichten. München (dtv).

Freud, S. (1900): Die Traumdeutung. Studienausgabe, Bd. 2. Frankfurt a.M. (Fischer) 2000.

Freud, S. (1916): Der Traum. Studienausgabe, Bd. 1. Frankfurt a.M. (Fischer) 2000.

Freud, S. (1917): Eine Kindheitserinnerung aus Dichtung und Wahrheit. Studienausgabe, Bd. 10. Frankfurt a.M. (Fischer) 2000.

Freud, S. (1986): Briefe an Wilhelm Fließ 1887–1904. Hg. v. Masson, J.M. Frankfurt a.M. (Fischer).

Freud, S. & Jung, C.G. (1974): Briefwechsel. Hg. v. McGuire, W. & Sauerländer, W. Frankfurt a.M. (Fischer).

Freud, S. & Andreas-Salomé, L. (1980): Briefwechsel. Hg. v. Pfeiffer, E. Frankfurt a.M. (Fischer).

Frick, J. (2009): Ich mag dich – du nervst mich. Bern (Huber).

Gass, K.; Jenkins, J. & Dunn, J. (2007): Are sibling relationships protective? A longitudinal study. J. Child Psychol. Psychiatry 48, 167–175.

Graham, I. (1988): The sibling object and its transferences: alternate organizer of the middle field. Psychoanalytic Inquiry 8, 88–107.

Green, A. (2004): Die tote Mutter. Psychoanalytische Studien zu Lebensnarzissmus und Todesnarzissmus. Bibliothek der Psychoanalyse. Gießen (Psychosozial-Verlag).

Grimbert, P. (2007): Ein Geheimnis. Roman. Frankfurt a.M. (Suhrkamp).

Han, S. & Northoff, G. (2009): Understanding the self: a cultural neuroscience approach. In: Chiao, J.Y. (Hg.): Progress in Brain Research. Vol. 178, Kapitel 14. Amsterdam/New York (Elsevier), S. 203–212.

Harris, J.R. (2000): Ist Erziehung sinnlos? Reinbek (Rowohlt).

Heenen-Wolff, S. (2007): Die Geschwisterbeziehung – Postmoderne psychoanalytische Perspektiven zur »Horizontalisierung« in der Beziehungswelt. Psyche 61, 541–559.

Hegel, G.F.W. (1980): Phänomenologie des Geistes. Gesammelte Werke, Bd. 9. Hamburg (Felix Meiner).

Hesse, H. (1986): Eine Sonate. In: Hesse, H.: Musik. Frankfurt a.M. (Suhrkamp), S. 39–44.

Hirsch, M. (1999): Realer Inzest: Psychodynamik des sexuellen Missbrauchs in der Familie. Gießen (Psychosozial).

Hubert, M. (2010): Geschwisterliebe. Feature WDR 5 (Manuskript), vierteilige Serie. 1: 28.11.; 2: 05.12.; 3: 12.12.; 4: 19.12.

Hurstel, F. & Carré, C. (1998): Psychologische Prozesse und plurale Elternschaft. In: Meulders-Klein, T. (Hg.): Fortsetzungsfamilien. Konstanz (Universitätsverlag), S. 207–240.

Imber-Black, E. (2008): Families After Death, Families After Birth. Family Process 47, 421–423.

James, H. (1913): A small boy and others. New York (Charles Scribner's Sons).

James, H. (1914): Notes of a son and brother. New York (Charles Scribner's Sons).

Kasten, H. (1993a): Die Geschwisterbeziehung. Bd. 1. Göttingen (Hogrefe).

Kasten, H. (1993b): Die Geschwisterbeziehung, Bd. 2: Spezielle Geschwisterbeziehungen. Göttingen (Hogrefe).

Klitzing, K. v.; Simoni, H. & Bürgin, D. (1999): Child development and early triadic relationships. Int. J. Psychoanal. 80, 71–89.

König, K. (1993): Gegenübertragungsanalyse. Göttingen (Vandenhoeck & Ruprecht).

Kramer, L. (2010): The essential ingredients of succesful sibling relationships: an emerging framework for advancing theory and practice. Child Dev. Perspect. 4, 80–86.

Kramer, L. & Kowal, A.K. (2005): Sibling relationship quality from birth to adolescence: the enduring contributions of friends. J. Fam. Psychol. 19, 503–511.

Kreppner, K. (1990): Differences in parent's cooperation patterns after the arrival of a second child. Paper presented at the International Conference Baby 21, Lisbon.

Kundera, M. (1997): Die Identität. Frankfurt a. M. (Fischer.)

Lessing, D. (1963): Einander. Erzählung. In: Lessing, D.: Zwischen Männern. Stuttgart (Klett), 1986, S. 57–68.

Leuzinger-Bohleber, M. (2009): Resilienz – Eine neue Forschungsperspektive auf frühe Entwicklungsprozesse. In: Leuzinger-Bohleber, M.; Canestri, J. & Target, M. (Hg.): Frühe Entwicklung und ihre Störungen. Frankfurt a.M. (Brandes & Apsel), S. 18–39.

Ley, K. (2005): Wenn sich eine neue Familie findet – Ressourcen und Konflikte in Patchwork- und Fortsetzungsfamilien. Prax. Kinderpsychol. Kinderpsychiat. 54, 802–816.

Leyting, G. (1994): Von der Verwicklung zur Entwicklung. Der adoleszente Prozeß im psychoanalytischen Dialog. In: Pedrina, F. et al. (Hg.): Spielräume. Tübingen (edition diskord), S. 158–190.

Lichtenberg, J.D.; Lachmann, F. & Fosshage, J. (1996): Werte und moralische Haltungen. Psyche 50, 407–443.

Maciejewski, F. (2006): Der Moses des Sigmund Freud. Göttingen (Vandenhoeck & Ruprecht).

McGuire, S. & Shanahan, L. (2010): Sibling Experiences in Diverse Family Contexts. Child Dev. Perspect. 4, 72–79.

Mitchell, J. (2003): Siblings. Sex and Violence. Cambridge (Polity Press).

Mitchell, S.A. (1988): Relational Concepts in Psychoanalysis: An Integration. Cambridge (Harvard University Press).

Mitscherlich, M. (1990): Über die Mühsal der Emanzipation. Frankfurt a.M. (Fischer).

Ortheil, H.-J. (2009): Die Erfindung des Lebens. München (Luchterhand).

Parens, H. (1988): Siblings in early childhood. Some direct observational findings. Psychoanalytic Inquiry 8, 31–50.

Parin, P. (1996): Geschwisterbeziehungen im Kulturvergleich. Pro Juventute. Zeitschrift für Jugend, Familie und Gesellschaft 2, 28–33.

Petri, H. (1989): Erziehungsgewalt. Vom Verhältnis von persönlicher und gesellschaftlicher Gewaltausübung in der Erziehung. Frankfurt a.M. (Fischer).

Petri, H. (1994): Geschwister – Liebe und Rivalität. Zürich (Kreuz).

Pfahl, S.; Reuyß, S. & Mader, E. (2009): Wissenschaftliches Hintergrundpapier zur Lebenswirklichkeit von Familien in Deutschland. www.vzbv.de/lebenswirklichkeit_familie_wiss_hintergrund_dvt_2009_sowitra.pdf (zuletzt gesehen im Mai 2011).

Piaget, J. (1973): Das moralische Urteil beim Kinde. Frankfurt a.M. (Suhrkamp).

Plomin, R. (1994): Genetics and Experience: The Interplay Between Nature and Nurture. Thousand Oaks, California (Sage Publications Inc.).

Provence, S. & Solnit, A. (1983): Development-Promoting Aspects of the Sibling Experience. The Psychoanalytic Study of the Child 38, 337–351.

Racker, H. (1953): Übertragung und Gegenübertragung. München (Reinhardt), 1988.

Reich, G. (2005): Familiensysteme heute – Entwicklungen, Probleme und Möglichkeiten. Prax. Kinderpsychol. Kinderpsychiat. 54, 779–791.

Reich, G.; Massing, A. & Cierpka, M. (2007): Praxis der psychoanalytischen Familien- und Paartherapie. Stuttgart (Kohlhammer).

Reimann, B. (1963): Die Geschwister. Erzählung. Berlin (Aufbau), 1998.

Richter, H.-E. (1963): Eltern, Kind und Neurose. Stuttgart (Klett).

Rigotti, F. (1993): Metaphern aus dem Familienleben. In: Buchholz, M.B. (Hg.): Metaphernanalyse. Göttingen (Vandenhoeck & Ruprecht), S. 253–292.

Romer, G. & Haagen, M. (2007): Kinder körperlich kranker Eltern. Praxis der Paar- und Familientherapie, Bd. 5. Hg. v. Cierpka, M. et al. Göttingen (Hogrefe).

Romer, G. & Walter, J. (2002): Geschwisterinzest im Kindes- und Jugendalter. In: Bange, D. & Körner, W. (Hg.): Handwörterbuch Sexueller Missbrauch. Göttingen (Hogrefe), S. 154–161.

Schachter, F.F. (1982): Sibling deidentification and split-parent identification: A family tetrad. In: Lamb, M.E. & Sutton-Smith, B. (Hg.): Sibling relationships. Hillsdale (Erlbaum).

Scharf, M.; Shulman, S. & Avigad-Spitz, L. (2005): Sibling Relationships in Emerging Adulthood and in Adolescence. Journal of Adolescent Research 20, 64–90.

Schmidt-Denter, U. (2005): Soziale Beziehungen im Lebenslauf. Basel (Beltz).

Schröter, M. (1995): Freuds Komitee 1912–1914. Ein Beitrag zum Verständnis psychoanalytischer Gruppenbildung. Psyche 49, 513–563.

Schröter, M. (Hg.) (2010): Sigmund Freud. Unterdeß halten wir zusammen. Briefe an seine Kinder. Berlin (Aufbau).

Schütze, Y. (1986): Der Verlauf der Geschwisterbeziehung während der ersten beiden Jahre. Prax. Kinderpsychol. Kinderpsychiat. 35, 130–137.

Seebacher, K. (1996): Morgen oder Abend. Lengwil (Libelle).

Seiffge-Krenke, I. (2000): Geschwister chronisch kranker Jugendlicher: Zwischen Parentifizierung und Vernachlässigung. In: Klosinski, G. (Hg.): Verschwistert mit Leib und Seele. Tübingen (Attempto), S. 176–194.

Seiffge-Krenke, I. (2001): Geschwisterbeziehungen zwischen Individuation und Verbundenheit: Versuch einer Konzeptualisierung. Prax. Kinderpsychol. Kinderpsychiat. 50, 421–439.

Seiffge-Krenke, I. (2009): Psychotherapie und Entwicklungspsychologie. Heidelberg (Springer).

Siebenschön, L. (1983): Schwester: Lieb sein, gut sein, giftig sein. Psychologie heute 10, 38–42.

Sohni, H. (1994): Geschwisterbeziehungen. Die Einführung der horizontalen Beziehungsdynamik in ein psychoanalytisches Konzept »Familie«. Prax. Kinderpsychol. Kinderpsychiat. 43, 284–295.

Sohni, H. (1998): Geschwister – ihre Bedeutung für die psychische Entwicklung im Familiensystem und in der Psychotherapie. Kontext 29, 5–31.

Sohni, H. (Hg.) (1999a): Geschwisterlichkeit. Horizontale Beziehungen in Psychotherapie und Gesellschaft. Göttingen (Vandenhoeck & Ruprecht).
Sohni, H. (1999b): Die Bedeutung der Geschwisterbeziehung für die psychosexuelle Entwicklung. In: Sohni, H. (Hg.): Geschwisterlichkeit. Horizonale Beziehungen in Psychotherapie und Gesellschaft. Göttingen (Vandenhoeck & Ruprecht), S. 32–54.
Sohni, H. (2001): Geschwisterbeziehungen in der Verarbeitung sexueller Traumatisierung: Der Film Das Fest. Prax. Kinderpsychol. Kinderpsychiat. 50, 454–468.
Sohni, H. (2004): Geschwisterbeziehungen in Familien, Gruppen und in der Familientherapie. Göttingen (Vandenhoeck & Ruprecht).
Sohni, H. (2011): Geschwisterdynamik, Familie und Psychoanalyse. Eine Entdeckungsreise. Psychoanalytische Familientherapie. Zeitschrift für Paar-, Familien- und Sozialtherapie 22, 3–32.
Stern, D. (1992): Die Lebenserfahrung des Säuglings. Stuttgart (Klett).
Stern, L. (1992): Vorstellungen von Trennung und Bindung bei adoleszenten Mädchen. In: Flaake, K. & King, V. (Hg.): Weibliche Adoleszenz. Frankfurt a.M. (Campus), S. 254–265.
Sullivan, H.S. (1980): Die interpersonale Theorie der Psychiatrie. Frankfurt a.M. (Fischer).
Sulloway, F.J. (1997): Der Rebell der Familie. Berlin (Siedler).
Tannen, D. (2010): Why Sisterly Chats Make People Happier. New York Times vom 25. Oktober 2010.
Taylor, M. (1999): Imaginary companions and the children who create them. New York (Oxford University Press).
Toman, W. (1996): Familienkonstellationen. München (Beck).
Urban, H. (1990): Zur Problematik des Ersatzkindes. Kind und Umwelt. Beiträge zur analytischen Kinder- und Jugendlichen-Psychotherapie 65, 33–54.
Volkan, V.D. & Ast, G.A. (1997): Siblings in the unconscious and psychopathology. Madison (International Universities Press).
Voorpostel, M. & van der Lippe, T. (2007): Support between siblings and between friends: two worlds apart? Journal of Marriage and Family 69, 1271–1282.
Wellendorf, F. (1995): Zur Psychoanalyse der Geschwisterbeziehung. Forum Psychoanal. 11, 295–310.
Whiteman, S.D.; McHale, S.M. & Crouter, A.C. (2007): Competing Process of Sibling influence: Observational Learning and Sibling Deidentification. Social Development 16, 642–661.
Willi, J. (1985): Koevolution. Die Kunst gemeinsamen Wachsens. Reinbek (Rowohlt).
Willi, J. (1996): Ökologische Psychotherapie. Göttingen (Hogrefe).
Winkelheide, M. (2009): Ich suche meinen Weg. Aus dem Labyrinth von Geschwisterbeziehungen. Vechta (Geest).
Winnicott, D.W. (1990): Der Anfang ist unsere Heimat. Essays zur gesellschaftlichen Entwicklung des Individuums. Stuttgart (Klett).
Winnicott, D.W. (1992): Familie und individuelle Entwicklung. Frankfurt a.M. (Fischer).